中華智慧　大道之源

老子道德經

邵玉铮隶书

學苑出版社

图书在版编目（CIP）数据

老子道德经 / 邵玉铮释读、隶书. — 北京：
学苑出版社，2024.2
ISBN 978-7-5077-6917-3

Ⅰ. ①老… Ⅱ. ①邵… Ⅲ. ①《道德经》Ⅳ
①B223.1

中国国家版本馆CIP数据核字（2024）第051864号

责任编辑：任彦霞
出版发行：学苑出版社
社　　址：北京市丰台区南方庄2号院1号楼
邮政编码：100079
网　　址：www.book001.com
电子信箱：xueyuanpress@163.com
联系电话：010-67601101（营销部）、010-67603091（总编室）
设　　计：北京方圆有道图文设计中心
印　　刷：北京兰星球彩色印刷有限公司
开　　本：889mm X 1194mm　1/16
印　　张：20.75
字　　数：92千字
版　　次：2024年2月北京第1版
印　　次：2024年2月第1次印刷
定　　价：180.00元（全2册）

简要说明

新版《老子道德经（邵玉铮隶书）》，本着有字即有形，有形即有义，有义即有味，有味而有道的原则，特通过查阅《中国书法大字典》《字林》《中国隶书字典》《金文编》《汉语大字典》以及《辞海》等，对重现字的不同写法做了选择和布局，如第二十七章十一个『善』字，第三十八章十个『德』字，第四十一章九个『道』字，第六十四章十二个『之』字，第六十二章八个『病』字，第八十一章九个『不』字。同时，对同义通用的字也加了注，如第三十九章所写的硌硌（同珞珞）。

全书五千三百个隶字皆列入本人所申办的国家外观设计专利方圆米字格内，以便观察其形态结构。

紫炁東来函谷關老子著
經五千言拙筆先后出兩
版皆以篇章為單元今次
專利格一統書法釋讀可
互觀八秩昏花再獻芹依
然合左求正腕

癸卯春月於京

1

道可道非常道名可名非常名無名天地之始有名萬物之母故常無欲以觀其妙常有

1 道可道，非常道；名可名，非常名。无名，天地之始；有名，万物之母。故常无欲，以观其妙；常有

欲以觀其徼此兩
者同出而異名同
謂之玄玄之又玄
衆妙之門
2
天下
皆知美之為美斯

欲，以观其徼。此两者，同出而异名，同谓之玄。玄之又玄，众妙之门。

② 天下皆知美之为美，斯

惡已皆知善之爲
善斯不善已故有
無相生難易相成
長短相形高下相
傾音聲相咊前後

恶已。皆知善之为善，斯不善已。故有无相生，难易相成，长短相形，
高下相倾，音声相和，前后

相隨是以聖人處
无爲之事行不言
之教萬物作焉而
弗始也生而弗有
爲而不恃功成而

相随。是以圣人处无为之事，行不言之教，万物作焉而弗始也；生而不有，为而不恃，功成而

弗居夫唯弗居是
以不去③不尚賢
使民不爭不貴難
得之貨使民不爲
盜不見可欲使民

弗居。夫唯弗居，是以不去。③不尚贤，使民不争；不贵难得之货，使民不为盗；不见可欲，使民

心不亂是以聖人
之治虛其心實其
腹弱其志彊其骨
常使民無知无欲
使夫智者不敢爲

心不乱。是以圣人之治：虚其心，实其腹，弱其志，强其骨。常使民无知无欲，使夫智者不敢为

也為無為則无不治

④

道沖而用之或不盈淵兮似萬物之宗挫其銳解其紛咊其光同其

也。为无为，则无不治。④道冲，而用之或不盈。渊兮，似万物之宗。挫其锐，解其纷，和其光，同其

塵湛兮似或存吾不知誰之子象帝之先

5

天地不仁以萬物爲芻狗聖人不仁以百姓爲

尘。湛兮，似或存。吾不知谁之子，象帝之先。

5 天地不仁，以万物为刍狗；圣人不仁，以百姓为刍狗。天地之间，其犹橐籥乎？虚而不屈，动而愈出。多言数穷，不如守中。

⑥谷神不死，是谓玄

牝玄牝之所是謂天地根綿綿若存用之不勤
7
天長地久天地所以能長且久者以其不

牝。玄牝之门，是谓天地根。绵绵若存，用之不勤。⑦天长地久。天地所以能长且久者，以其不

自生，故能长生。是以圣人后其身而身先，外其身而身存。非以其无私邪？故能成其私。⑧上

善若水水善利萬物而不爭處衆人之所惡故幾于道居善地心善淵与善仁言善信政善

善若水。水善利万物而不争，处众人之所恶，故几于道。居善地，心善渊，与善仁，言善信，政善

治事善能動善時夫唯不爭故無尤

9

持而盈之不如其已揣而銳之不可長保金玉滿堂

治，事善能，动善时。夫唯不争，故无尤。⑨持而盈之，不如其已；揣而锐之，不可长保。金玉满堂，

莫之能守富貴而
驕自遺其咎功遂
身退天之道也
10
載營魄抱一能無
離乎專氣致柔能

莫之能守；富贵而骄，自遗其咎。功遂身退，天之道也。⑩载营魄抱一，能无离乎？专气致柔，能

如嬰兒乎滌除玄
覽能無疵乎愛民
治國能無爲乎天
門開闔能为雌乎
明白四達能無知

如婴儿乎？涤除玄览，能无疵乎？爱民治国，能无为乎？天门开阖，能为雌乎？明白四达，能无知

乎生之畜之生而
不有爲而不恃長
而不宰是謂玄德
11 三十輻共一轂
當其无有車之用

乎？生之畜之。生而不有，为而不恃，长而不宰，是谓玄德。11 三十辐共一毂，当其无，有车之用。

埏埴以为器當其
无有器之用鑿户
牖以为室當其無
有室之用故有之
以為利無之以為

埏埴以为器，当其无，有器之用。凿户牖以为室，当其无，有室之用。

故有之以为利，无之以为

用
12
五色令人目
盲五音令人耳聾
五味令人口爽馳
騁畋獵令人心發
狂難得之貨令人

用。⑫五色令人目盲，五音令人耳聋，五味令人口爽，驰骋畋猎令人心发狂，难得之货令人

行妨是以聖人為腹不為目故去彼取此

13

寵辱若驚貴大患若身何謂寵辱若驚寵為下

行妨。是以圣人为腹不为目，故去彼取此。⑬宠辱若惊，贵大患若身。

何谓宠辱若惊？宠为下，

得之若驚失之若
驚是謂寵辱若驚
何謂貴大患若身
吾所以有大患者
為吾有身及吾無

得之若惊，失之若惊，是谓宠辱若惊。何谓贵大患若身？吾所以有大患者，为吾有身；及吾无

身吾有何患故貴以身為天下若可寄天下愛以身為天下若可托天下

14

視之不見名曰

身，吾有何患？故贵以身为天下，若可寄天下；爱以身为天下，若可托天下。⑭视之不见，名曰

夷聽之不聞名曰
希搏之不得名曰
微此三者不可致
詰故混而為一其
上不皦其下不昧

『夷』；听之不闻，名曰『希』；搏之不得，名曰『微』。此三者不可致诘，故混而为一。其上不皦，其下不昧，

绳绳兮不可名，复归于无物。是谓无状之状，无物之象，是谓惚恍。迎之不见其首，随之不见

其後執古之道以御今之有能知古始是謂道紀

15

古之善爲道者微妙玄通深不可識夫

其后。执古之道，以御今之有。能知古始，是谓道纪。

⑮古之善为道者，微妙玄通，深不可识。夫

唯不可識故強為
之容豫兮若冬涉
川猶兮若畏四鄰
儼兮其若客渙兮
其若仌釋敦兮其

唯不可识，故强为之容：豫兮，若冬涉川；犹兮，若畏四邻；俨兮，其若客；涣兮，其若冰释；敦兮，其

若樸曠兮其若谷混兮其若濁孰能濁以靜之徐清孰能安以動之徐生保此道者不欲盈

若朴；旷兮，其若谷；混兮，其若浊。孰能浊以静之徐清？孰能安以动之徐生？保此道者，不欲盈。

夫唯不盈故能敝

而新成

16

致虛極

守靜篤萬物並作

吾以觀其復夫物

芸芸各復歸其根

夫唯不盈，故能敝而新成。

⑯致虚极，守静笃。万物并作，吾以观其复。夫物芸芸，各复归其根。

歸根曰靜是謂復命復命曰常知常曰明不知常妄作凶知常容容乃公公乃全全乃天天

归根曰『静』，是谓『复命』。复命曰『常』，知常曰『明』。不知『常』，妄作凶。知常容，容乃公，公乃全，全乃天，天

乃道道乃久没身

不殆

17

太上下知

有之其次親而譽

之其次畏之其次

侮之信不足焉有

乃道，道乃久，没身不殆。17 太上，下知有之；其次，亲而誉之；其次，畏之；其次，侮之。信不足焉，有

不信焉悠兮其貴言功成事遂百姓皆謂我自然

18

大道廢有仁義智慧出有大偽六親不

不信焉。悠兮其贵言。功成事遂，百姓皆谓：我自然。18 大道废，有仁义；智慧出，有大伪；六亲不

和有孝慈國家昏
亂有忠臣
19
絕聖
棄智民利百倍絕
仁棄義民復孝慈
絕巧棄利盜賊無

和，有孝慈；国家昏乱，有忠臣。

19 绝圣弃智，民利百倍；绝仁弃义，

民复孝慈；绝巧弃利，盗贼无

有此三者以為文
不足故令有所屬
見素抱樸少私寡
欲絕學無憂 20 唯
之與訶相去幾何

有。此三者，以为文不足，故令有所属：见素抱朴，少私寡欲，绝学无忧。

20 唯之与诃，相去几何？

美之与恶相去若
何人之所畏不可
不畏荒兮其未央
哉众人熙熙如享
太牢如春登台我

美之与恶，相去若何？人之所畏，不可不畏。荒兮，其未央哉！众人熙熙，如享太牢，如春登台。我

獨泊兮其未兆沌
沌兮如嬰兒之未
孩累累兮若无所
歸衆人皆有餘而
我獨若遺我愚人

独泊兮，其未兆。沌沌兮，如婴儿之未孩；累累兮，若无所归。众人皆有余，而我独若遗。我愚人

之心也哉俗人昭
昭我獨昏昏俗人
察察我獨悶悶澹
兮其若海飄兮若
無止衆人皆有以

之心也哉！俗人昭昭，我独昏昏；俗人察察，我独闷闷。澹兮其若海，飘兮若无止。众人皆有以，

而我獨頑且鄙我
獨異於人而貴食
母
21
孔德之容唯
道是從道之爲物
惟恍惟惚惚兮恍

而我独顽且鄙。我独异于人，而贵食母。
21
孔德之容，唯道是从。道之为物，惟恍惟惚。惚兮恍

兮其中有象恍兮
惚兮其中有物窈
兮冥兮其中有精
其精甚真其中有
信自古及今其名

兮，其中有象；恍兮惚兮，其中有物。窈兮冥兮，其中有精；其精甚真，
其中有信，自古及今，其名

不去，以阅众甫。吾何以知众甫之然哉？以此。

㉒曲则全，枉则正，洼则盈，敝则新，少则得，多则

惑是以聖人抱一
为天下式不自見
故明不自是故彰
不自伐故有功不
自矜故長夫唯不

惑。是以圣人抱一为天下式。不自见，故明；不自是，故彰；不自伐，故有功；不自矜，故长。夫唯不

事故天下莫能与之爭古之所謂曲則全者豈虛言哉誠全而歸之

23

希言自然故飄風不

争，故天下莫能与之争。古之所谓『曲则全』者，岂虚言哉！诚全而归之。

㉓希言自然。故飘风不

終朝驟雨不終日
孰為此者天地天
地尚不能久而況
於人乎故從事於
道者同於道德者

终朝，骤雨不终日，孰为此者？天地。天地尚不能久，而况于人乎？故从事于道者，同于道；德者，

同於德失者同於失同於道者道亦樂得之同於德者德亦乐得之同於失者失亦樂得之

同于德；失者，同于失。同于道者，道亦乐得之；同于德者，德亦乐得之；同于失者，失亦乐得之。

信不足焉有不信
焉 24 企者不立跨
者不行自見者不
明自是者不彰自
伐者無功自矜者

信不足焉，有不信焉！24 企者不立，跨者不行。自见者不明，自是者不彰。自伐者无功，自矜者

不長其在道也曰
餘食贅行物或惡
之故有道者不處

25

有物混成先天
地生寂兮寥兮獨

不长。其在道也，曰：余食赘行，物或恶之。故有道者不处。㉕有物混成，先天地生。寂兮寥兮，独

立而不改，周行而不殆，可以为天下母。吾不知其名，字之曰『道』，
强为之名曰：『大』。大曰逝，逝曰

立而不改周行而
不殆可以为天下
母吾不知其名字
之曰道強爲之名
曰大大曰逝逝曰

远，远曰反。故道大，天大，地大，人亦大。域中有四大，而人居其一焉。人法地，地法天，天法道，道

法自然重為輕
根靜爲躁君是以
君子終日行不離
輜重雖有榮觀燕
處超然奈何萬乘

26

法自然。26 重为轻根，静为躁君。是以君子终日行不离辎重，虽有荣观，燕处超然。奈何万乘

之主而以身輕天下輕則失根躁則失君

27

善行無轍迹善言無瑕謫善數不用籌策善閉

之主，而以身轻天下？轻则失根，躁则失君。

27 善行，无辙迹；善言，无瑕谪；善数，不用筹策；善闭，

無關楗而不可開善結無繩約而不可解是以聖人常善救人故無棄人常善救物故無棄

无关楗而不可开；善结，无绳约而不可解。是以圣人常善救人，故无弃人；常善救物，故无弃

物是謂襲明故善
人者不善人之師
不善人者善人之
資不貴其師不愛
其資雖智大迷是

物。是谓『袭明』。故善人者，不善人之师；不善人者，善人之资。不贵其师，不爱其资，虽智大迷，是

謂要妙

28

知其雄守其雌為天下溪為天下溪常德不離復歸于嬰兒知其白守其黑為天

谓『要妙』。28 知其雄，守其雌，为天下溪。为天下溪，常德不离，复归于婴儿。知其白，守其黑，为天

下式為天下式常
德不忒復歸无於
極知其榮守其辱
為天下谷為天下
谷常德乃足復歸

下式。为天下式，常德不忒，复归于无极。知其荣，守其辱，为天下谷。为天下谷，常德乃足，复归

於樸樸散則爲器
聖人用之則爲官
長故大制不割
29
將欲取天下而为
之吾見其不得已

于朴。朴散则为器，圣人用之，则为官长，故大制不割。㉙将欲取天下而为之，吾见其不得已。

天下神器不可爲也不可執也爲者敗之執者失之故物或行或隨或噓或吹或強或羸或

天下神器，不可为也，不可执也。为者败之，执者失之。故物，或行或随，或嘘或吹，或强或羸，或

載或隳是以聖人
去甚去奢去泰
30
以道佐人主者不
以兵强天下其事
好還師之所處荊

载或隳。是以圣人去甚、去奢、去泰。㉚以道佐人主者，不以兵强天下。其事好还。师之所处，荆

棘生焉大軍之後必有凶年善者果而已不敢以取強果而勿矜果而勿伐果而勿驕果而

棘生焉。大军之后，必有凶年。善者果而已，不敢以取强。果而勿矜，果而勿伐，果而勿骄，果而

不得已是謂果而勿強物壯則老是謂不道不道早已

31

夫兵者不祥之器物或惡之故有

不得已。是谓果而勿强。物壮则老，是谓不道。不道早已。31 夫兵者，不祥之器，物或恶之，故有

道者不處君子居
則貴左用兵則貴
右兵者不祥之器
非君子之器不得
已而用之恬淡為

道者不处。君子居则贵左，用兵则贵右。兵者不祥之器，非君子之器，不得已而用之，恬淡为

上勝而不美而美之者是樂殺人夫樂殺人者則不可得志於天下矣吉事尚左凶事尚右

上。胜而不美，而美之者，是乐杀人。夫乐杀人者，则不可得志于天下矣。吉事尚左，凶事尚右。

偏將軍居左上將軍居右言以喪禮處之殺人之衆以悲哀泣之戰勝以喪禮處之

32

道常

偏将军居左，上将军居右，言以丧礼处之。杀人之众，以悲哀泣之；战胜，以丧礼处之。32 道常

无名，朴虽小，天下莫能臣。侯王若能守之，万物将自宾。天地相合，以降甘露，民莫之令而自

均始制有名名亦既有夫亦將知止知止可以不殆譬道之在天下猶川谷之於江海

33

知

均。始制有名，名亦既有，夫亦将知止。知止可以不殆。譬道之在天下，犹川谷之于江海。

33 知

人者智自知者明
勝人者有力自勝
者強知足者富強
行者有志不失其
所者久死而不亡

人者智，自知者明。胜人者有力，自胜者强。知足者富。强行者有志。不失其所者久。死而不亡

者壽
34
大道泛兮其可左右萬物恃之以生而不辭功成而不有衣養萬物而不為主常无

者寿。34大道泛兮，其可左右。万物恃之以生而不辞，功成而不有。衣养万物而不为主，常无

欲可名於小万物
歸焉而不爲主可
名爲大以其終不
自为大故能成其
大

35

執大象天下

欲，可名于『小』；万物归焉而不为主，可名为『大』。以其终不自为大，故能成其大。

35 执大象，天下

往往而不害安平

太乐与餌過客止

道之出口淡乎其

无味視之不足見

聽之不足聞用之

往。往而不害，安平太。乐与饵，过客止。道之出口，淡乎其无味，视之不足见，听之不足闻，用之

不足既
36
將欲歙之，必固張之；將欲弱之，必固強之；將欲廢之，必固舉之；將欲奪之，必固與

不足既。㊱将欲歙之，必固张之；将欲弱之，必固强之；将欲废之，必固举之；将欲夺之，必固与

之是謂微明柔弱勝剛強魚不可脫於淵國之利器不可以示人

37

道常无為而無不為侯

之。是谓『微明』，柔弱胜刚强。鱼不可脱于渊，国之利器不可以示人。

37 道常无为而无不为。侯

王若能守之萬物
將自化化而欲作
吾將鎮之以無名
之樸鎮之以無名
之樸夫將不欲不

王若能守之，万物将自化。化而欲作，吾将镇之以无名之朴。镇之以无名之朴，夫将不欲。不

欲以靜天下將自正

38

上德不德是以有德下德不失德是以无德上惪无爲而無以爲下

欲以静，天下将自正。

38 上德不德，是以有德；下德不失德，是以无德。上德无为而无以为；下

德為之而有以為
上仁為之而無以
為上義為之而有
以為上禮為之而
莫之應則攘臂而

德为之而有以为。上仁为之而无以为；上义为之而有以为。上礼为之而莫之应，则攘臂而

扔之故失道而後德失德而後仁失仁而後義失義而後禮夫礼者忠信之薄而亂之首前

扔之。故失道而后德，失德而后仁，失仁而后义，失义而后礼。夫礼者，忠信之薄而乱之首。前

識者道之華而愚
之始是以大丈夫
處其厚不居其薄
處其實不居其華
故去彼取此 39 昔

识者，道之华而愚之始。是以大丈夫处其厚，不居其薄；处其实，不居其华。故去彼取此。39 昔

之得一者天得一以清地得一以寧神得一以靈谷得一以盈萬物得一以生侯王得一以

之得一者：天得一以清，地得一以宁，神得一以灵，谷得一以盈，万物得一以生，侯王得一以

爲天下正其致之
一也天無以清將
恐裂地无以寧將
恐廢神无以靈將
恐歇谷无以盈將

为天下正。其致之一也。天无以清，将恐裂；地无以宁，将恐废；神无以灵，将恐歇；谷无以盈，将

恐竭萬物無以生
將恐滅侯王無以
正將恐蹶故貴以
賤為本高以下為
基是以侯王自謂

恐竭；万物无以生，将恐灭；侯王无以正，将恐蹶。故贵以贱为本，高以下为基。是以侯王自谓

40

孤寡不穀此非以賤为本耶非乎故至譽无譽不欲琭琭如玉硌硌如石反者道之動弱

孤、寡、不穀。此非以贱为本邪？非乎？故至誉无誉。不欲琭琭如玉，硌硌如石。40 反者，道之动；弱

者道之用天下万
物生于有有生於
无41上士闻道勤
而行之中士闻道
若存若亡下士闻

者，道之用。天下万物生于『有』，有生于『无』。41 上士闻道，勤而行之；中士闻道，若存若亡；下士闻

道大咲之不咲不
足以爲道故建言
有之明道若昧進
道若退夷道若纇
上德若谷大白若

道，大笑之。不笑，不足以为道。故建言有之：明道若昧，进道若退，夷道若颣。上德若谷，大白若

辱廣德若不足建德若偷質真若渝大方无隅大器晚成大音希聲大象无形道隱无名夫

辱，广德若不足，建德若偷，质真若渝。大方无隅，大器晚成，大音希声，大象无形，道隐无名。夫

唯道善始且善成

42

道生一一生二

二生三三生萬物

萬物負陰而抱陽

冲炁以為咊人之

唯道，善始且善成。42 道生一，一生二，二生三，三生万物。万物负阴而抱阳，冲气以为和。人之

所惡唯孤寡不穀而王公以為稱故物或損之而益或益之而損人之所教我亦教之強梁

所恶，唯孤、寡、不毂，而王公以为称。故物或损之而益，或益之而损。人之所教，我亦教之。强梁

者不得其死吾將以為教父

43

天下之至柔馳騁天下之至堅無有入無間吾是以知無爲

者不得其死，吾将以为教父。

43 天下之至柔，驰骋天下之至坚。无有入无间，吾是以知无为

之有益不言之教
無為之益天下希
及之
44
名與身孰
親身與貨孰多得
與亡孰病甚愛必

之有益。不言之教，无为之益，天下希及之。

44 名与身孰亲？身与货孰多？得与亡孰病？甚爱必

大費多藏必厚亡
故知足不辱知止
不殆可以長久 45
大成若缺其用不
敝大盈若沖其用

大费，多藏必厚亡。故知足不辱，知止不殆，可以长久。㊺大成若缺，其用不敝。大盈若冲，其用

不窮大直若屈大巧若拙大辯若訥躁勝寒靜勝熱清靜為天下正

46

天下有道卻走馬以

不穷。大直若屈，大巧若拙，大辩若讷。躁胜寒，静胜热，清静为天下正。

46 天下有道，却走马以

糞天下无道戎馬
生于郊罪莫大於
可欲禍莫大於不
知足咎莫大於欲
得故知足之足常

粪；天下无道，戎马生于郊。罪莫大于可欲，祸莫大于不知足，咎莫大于欲得。故知足之足，常

足矣。47不出户，知天下；不窥牖，见天道。其出弥远，其知弥少。是以圣人不行而知，不见而名，

不爲而成

48

為學

日益爲道日損損

之又損以至于无

爲无爲而无不爲

取天下常以无事

不为而成。

48

为学日益，为道日损，损之又损，以至于无为。无为而无不为。取天下常以无事，

及其有事不足以
取天下
49
圣人无
常心以百姓心为
心善者吾善之不
善者吾亦善之德

及其有事，不足以取天下。⑭⑨ 圣人无常心，以百姓心为心。善者，吾善之；不善者，吾亦善之，德

善信者吾信之不
信者吾亦信之德
信聖人在天下歙
歙焉為天下渾其
心百姓皆注其耳

善。信者，吾信之；不信者，吾亦信之，德信。圣人在天下，歙歙焉，
为天下浑其心。百姓皆注其耳

目聖人皆孩之
50
出生入死生之徒
十有三死之徒十
有三人之生動之
于死地亦十有三

目，圣人皆孩之。50 出生入死。生之徒，十有三；死之徒，十有三；人之生，动之于死地，亦十有三。

夫何故以其生生
之厚蓋聞善攝生
者陸行不遇兕虎
入軍不被甲兵兕
无所投其角虎无

夫何故？以其生生之厚。盖闻善摄生者，陆行不遇兕虎，入军不被甲兵。
兕无所投其角，虎无

所措其爪兵无所容其刃夫何故以其无死地

51

道生之德畜之物形之势成之是以万物

所措其爪，兵无所容其刃。夫何故？以其无死地。

51 道生之，德畜之，物形之，势成之。是以万物

莫不尊道而贵德
道之尊德之贵夫
莫之命而常自然
故道生之德畜之
长之育之亭之毒

莫不尊道而贵德。道之尊，德之贵，夫莫之命而常自然。故道生之，德畜之长之育之，亭之毒

之養之覆之生而不有爲而不恃長而不宰是謂玄德

52

天下有始以爲天下母既得其母

之；养之覆之。生而不有，为而不恃，长而不宰，是谓玄德。

52

天下有始，以为天下母。既得其母，

以知其子既知其子復守其母沒身不殆塞其兑閉其門終身不勤開其兑濟其事終身不

以知其子；既知其子，复守其母。没身不殆。塞其兑，闭其门，终身不勤；开其兑，济其事，终身不

救見小曰明守柔曰彊用其光復歸其明无遺身殃是為襲常

53

使我介然有知行於大道

救。见小曰『明』，守柔曰『强』。用其光，复归其明，无遗身殃，是为『袭常』。

53 使我介然有知，行于大道，

唯施是畏大道甚夷而民好徑朝甚除田甚蕪倉甚虛服文采帶利劍厭飲食財貨有餘是

唯施是畏。大道甚夷，而民好径。朝甚除，田甚芜，仓甚虚；服文采，带利剑，厌饮食，财货有余，是

謂盜夸非道也哉

54

善建者不拔善

抱者不脫子孫以

祭祀不輟修之于

身其德乃真修之

谓盗夸。非道也哉！

54 善建者不拔，善抱者不脱，子孙以祭祀不辍。修之于身，其德乃真；修之

于家其德乃餘脩之于鄉其德乃長脩之于邦其德乃豐脩之于天下其德乃普故以身觀

于家，其德乃余；修之于乡，其德乃长；修之于邦，其德乃丰；修之于天下，其德乃普。故以身观

身以家觀家以鄉
觀鄉以邦觀邦以
天下觀天下吾何
以知天下之然哉
以此
55
含德之厚

身，以家观家，以乡观乡，以邦观邦，以天下观天下。吾何以知天下之然哉？以此。

55 含德之厚，

比於赤子毒蟲不
螫猛獸不據攫鳥
不搏骨弱筋柔而
握固未知牝牡之
合而朘作精之至

比于赤子。毒虫不螫，猛兽不据，攫鸟不搏。骨弱筋柔而握固，未知牝牡之合而朘作，精之至

也終日号而不嗄
和之至也知咊曰
常知常曰明益生
曰祥心使氣曰強
物壯則老謂之不

也。终日号而不嗄，和之至也。知和曰常，知常曰明。益生曰祥，心使气曰强。物壮则老，谓之不

道不道早已
56
知
者不言言者不知
塞其兑閉其門挫
其銳解其紛和其
光同其塵是謂玄

道。不道早已。56知者不言，言者不知。塞其兑，闭其门，挫其锐，解其纷，和其光，同其尘，是谓『玄

同故不可得而親不可得而疏不可得而利不可得而害不可得而貴不可得而賤故為天

同』。故不可得而亲，不可得而疏；不可得而利，不可得而害；不可得而贵，不可得而贱；故为天下贵。57 以正治国，以奇用兵，以无事取天下。吾何以知其然哉？以此：
天下多忌讳，而民弥贫；

人多利器国家滋
昏人多技巧奇物
滋起法令滋彰盗
贼多有故圣人云
我无为而民自化

人多利器，国家滋昏；人多技巧，奇物滋起；法令滋彰，盗贼多有。故圣人云：我无为，而民自化；

我好静，而民自正；我无事，而民自富；我无欲，而民自朴。58 其政闷闷，其民淳淳；其政察察，其

民缺缺禍兮福之所倚福兮禍之所伏孰知其極其无正也正復為奇善復為妖人之迷也

民缺缺。祸兮，福之所倚；福兮，祸之所伏。孰知其极？其无正也。正复为奇，善复为妖。人之迷也，

其日固久矣是以
聖人方而不割廉
而不劌直而不肆
光而不耀
59
治人
事天莫若嗇夫唯

其日固久矣。是以圣人方而不割，廉而不刿，直而不肆，光而不耀。59

治人事天，莫若啬。夫唯

嗇是謂早服早服
謂之重積德重積
德則無不克無不
克則莫知其極莫
知其極可以有國

啬，是谓早服。早服，谓之重积德；重积德，则无不克；无不克，则莫知其极；莫知其极，可以有国；

有國之母可以長
久是謂深根固柢
長生久視之道 60
治大國若烹小鮮
以道莅天下其鬼

有国之母，可以长久。是谓深根固柢，长生久视之道。60 治大国，若烹小鲜。以道莅天下，其鬼

不神非其鬼不神其神不傷人非其神不傷人聖人亦不傷人夫兩不相傷故德交歸焉

61

不神。非其鬼不神，其神不伤人；非其神不伤人，圣人亦不伤人。夫两不相伤，故德交归焉。61

大國者下流天下
之牝天下之交牝
常以靜勝牡以靜
為下故大國以下
小國則取小國小

大国者下流，天下之牝，天下之交。牝常以静胜牡，以静为下。故大国以下小国，则取小国；小

國以下大國則取大國故或下以取或下而取大國不過欲兼畜人小國不過欲入事人夫

国以下大国，则取大国。故或下以取，或下而取。大国不过欲兼畜人，小国不过欲入事人。夫

兩者各得其所欲
大者宜為下
62
道者万物之奧
善人之寶
不善人之所保
美言可以市尊

两者各得其所欲，大者宜为下。

62 道者，万物之奥。善人之宝，不善人之所保。美言可以市尊，

美行可以加人人
之不善何棄之有
故立天子置三公
雖有共璧以先駟
馬不如坐進此道

美行可以加人。人之不善，何弃之有？故立天子，置三公，虽有共璧以先驷马，不如坐进此道。

古之所以貴此道
者何不曰求以得
有罪以免邪故爲
天下貴 63 为无爲
事无事味无味大

古之所以贵此道者何？不曰：求以得，有罪以免邪？故为天下贵。

63 为无为，事无事，味无味。大

小多少報怨以德
圖難於其易為大
於其細天下難事
必作于易天下大
事必作于細是以

小多少，报怨以德。图难于其易，为大于其细。天下难事，必作于易；天下大事，必作于细。是以圣人终不为大，故能成其大。夫轻诺必寡信，多易必多难。是以圣人犹难之，故终无难矣。64

聖人終不为大故
能成其大夫輕諾
必寡信多易必多
難是以聖人猶難
之故終无難矣

64

其安易持其未兆
易謀其脆易泮其
微易散为之于未
有治之于未乱合
抱之木生于毫末

其安易持，其未兆易谋；其脆易泮，其微易散。为之于未有，治之于未乱。合抱之木，生于毫末；

九層之臺起于累土千里之行始于足下爲者敗之執者失之是以聖人无爲故無敗无執

九层之台，起于累土；千里之行，始于足下。为者败之，执者失之。是以圣人无为，故无败；无执，

故无失民之从事
常于幾成而敗之
慎終如始則无敗
事是以聖人欲不
欲不貴難得之貨

故无失。民之从事，常于几成而败之。慎终如始，则无败事。是以圣人欲不欲，不贵难得之货；

學不學復衆人之
所過以輔萬物之
自然而不敢為
65
古之善為道者非
以明民將以愚之

学不学，复众人之所过。以辅万物之自然，而不敢为。

65 古之善为道者非以明民，将以愚之。

民之難治以其智
多故以智治國國
之賊不以智治國
國之福知此兩者
亦楷式常知楷式

民之难治，以其智多。故以智治国，国之贼；不以智治国，国之福。知此两者，亦楷式。常知楷式，

是謂玄德玄德深

矣遠矣與物反矣

然後乃至大順

66

江海之所以能為

百谷王者以其善

是谓『玄德』。玄德深矣，远矣，与物反矣，然后乃至大顺。

66 江海之所以能为百谷王者，以其善

下之故能為百谷
王是以聖人欲上
民必以言下之欲
先民必以身後之
是以聖人處上而

下之，故能为百谷王。是以圣人欲上民，必以言下之；欲先民，必以身后之。是以圣人处上而

民不重處前而民不害是以天下樂推而不厭以其不爭故天下莫能與之爭

67

天下皆謂

民不重，处前而民不害，是以天下乐推而不厌。以其不争，故天下莫能与之争。67 天下皆谓

我道大似不肖夫
唯大故似不肖若
肖久矣其細也夫
我有三寶持而保
之一曰慈二曰儉

我道大，似不肖。夫唯大，故似不肖。若肖，久矣其细也夫！我有三宝，
持而保之：一曰慈，二曰俭，

三曰不敢为天下
先慈故能勇儉故
能廣不敢為天下
先故能成器長今
舍慈且勇舍儉且

三曰不敢为天下先。慈，故能勇；俭，故能广；不敢为天下先，故能成器长。今舍慈且勇，舍俭且

廣舍後且先死矣
夫慈以戰則勝以
守則固天將救之
以慈衛之
68
善爲
士者不武善戰者

广，舍后且先，死矣！夫慈，以战则胜，以守则固。天将救之，以慈卫之。

68 善为士者不武，善战者

不怒善勝敵者不与善用人者为之下是謂不爭之德是謂用人之力是謂配天古之極

69

不怒，善胜敌者不与，善用人者为之下。是谓不争之德，是谓用人之力，是谓配天，古之极。69

用兵有言吾不敢
为主而爲客不敢
進寸而退尺是謂
行无行攘无臂扔
无敵執无兵禍莫

用兵有言：吾不敢为主而为客，不敢进寸而退尺。是谓行无行，攘无臂，扔无敌，执无兵。祸莫

大於輕敵輕敵幾喪吾寶故抗兵相若哀者勝矣

70

吾言甚易知甚易行天下莫能知莫能

大于轻敌，轻敌几丧吾宝。故抗兵相若，哀者胜矣。

70 吾言甚易知，甚易行。天下莫能知，莫能

行言有宗事有君
夫唯无知是以不
我知知我者希則
我貴矣是以聖人
被褐而懷玉 71 知

行。言有宗，事有君。夫唯无知，是以不我知。知我者希，则我贵矣。是以圣人被褐而怀玉。

(71) 知

不知，上；不知知，病。夫唯病病，是以不病。圣人不病，以其病病。
是以不病。72民不畏威，则大威

至无狎其所居无
厭其所生夫唯不
猒是以不猒是以
聖人自知不自見
自愛不自貴故去

至。无狎其所居，无厌其所生。夫唯不厌，是以不厌。是以圣人自知不自见，自爱不自贵。故去

彼取此。73 勇于敢则杀，勇于不敢则活。此两者，或利或害。天之所恶，孰知其故？天之道，不争

而善勝不言而善應不召而自來繟然而善謀天网恢恢疏而不失

74

民不畏死奈何以死

而善胜，不言而善应，不召而自来，繟然而善谋。天网恢恢，疏而不失。

74 民不畏死，奈何以死

懼之若使民常畏
死而為奇者吾得
執而殺之孰敢常
有司殺者殺夫代
司殺者殺是謂代

惧之？若使民常畏死，而为奇者，吾得执而杀之，孰敢？常有司杀者杀。
夫代司杀者杀，是谓代

大匠斫夫代大匠斫者希有不傷其手矣

75

民之飢以其上食稅之多是以饑民之難治以

大匠斫，夫代大匠斫者，希有不伤其手矣。

75 民之饥，以其上食税之多，是以饥。民之难治，以

其上之有为，是以难治。民之轻死，以其上求生之厚，是以轻死。夫唯无以生为者，是贤于贵

生

76

人之生也柔弱其死也堅強草木之生也柔脆其死也枯槁故堅強者死之徒柔弱者

生。

76 人之生也柔弱，其死也坚强。草木之生也柔脆，其死也枯槁。故坚强者死之徒，柔弱者

生之徒是以兵彊
則滅木強則折強
大處下柔弱處上
77
天之道其猶張
弓歟高者抑之下

生之徒。是以兵强则灭，木强则折。强大处下，柔弱处上。77 天之道，其犹张弓欤？高者抑之，下

者舉之有餘者損
之不足者補之天
之道損有餘而補
不足人之道則不
然損不足以奉有

者举之；有余者损之，不足者补之。天之道，损有余而补不足；人之道
则不然，损不足以奉有

餘孰能有餘以奉天下唯有道者是以聖人為而不恃功成而不處其不欲見賢

78

天下莫

余。孰能有余以奉天下？唯有道者。是以圣人为而不恃，功成而不处，其不欲见贤。78 天下莫

柔弱於水而攻堅
強者莫之能勝以
其無以易之弱之
勝強柔之勝剛天
下莫不知莫能行

柔弱于水，而攻坚强者莫之能胜，以其无以易之。弱之胜强，柔之胜刚，天下莫不知，莫能行。

是以聖人云受國之垢是謂社稷主受國不祥是為天下王正言若反

79

咊大怨必有餘怨

是以圣人云：『受国之垢，是谓社稷主；受国不祥，是为天下王。』正言若反。

79 和大怨，必有余怨，

安可以爲善是以
聖人執左契而不
責于人有德司契
无德司徹天道无
親常與善人80小

安可以为善？是以圣人执左契，而不责于人。有德司契，无德司彻。天道无亲，常与善人。80 小

國寡民使有什伯
之器而不用使民
重死而不遠徙雖
有舟輿無所乘之
雖有甲兵無所陳

国寡民，使有什伯之器而不用，使民重死而不远徙。虽有舟舆，无所乘之；虽有甲兵，无所陈

之使民復結繩而用之甘其食美其服安其居樂其俗鄰國相望雞犬之聲相聞民至老死

之。使民复结绳而用之。甘其食，美其服，安其居，乐其俗。邻国相望，鸡犬之声相闻，民至老死，

不相往來

81

信言不美美言不信善者不辯辯者不善知者不博博者不知聖人不積既以

不相往来。81 信言不美，美言不信。善者不辩，辩者不善。知者不博，博者不知。圣人不积，既以为人，己愈有；既以与人己愈多。天之道，利而不害；人之道，为而不争。

中華智慧　大道之源

老子道德經

邵玉铮释读

學苑出版社

图书在版编目（CIP）数据

老子道德经 / 邵玉铮释读、隶书. —— 北京：
学苑出版社，2024.2
ISBN 978-7-5077-6917-3

Ⅰ. ①老… Ⅱ. ①邵… Ⅲ. ①《道德经》Ⅳ
①B223.1

中国国家版本馆CIP数据核字（2024）第051864号

责任编辑：任彦霞
出版发行：学苑出版社
社　　址：北京市丰台区南方庄2号院1号楼
邮政编码：100079
网　　址：www.book001.com
电子信箱：xueyuanpress@163.com
联系电话：010-67601101（营销部）、010-67603091（总编室）
设　　计：北京方圆有道图文设计中心
印　　刷：北京兰星球彩色印刷有限公司
开　　本：889mm X 1194mm　1/16
印　　张：20.75
字　　数：92千字
版　　次：2024年2月北京第1版
印　　次：2024年2月第1次印刷
定　　价：180.00元（全2册）

目 录

前言

老子其人其书

邵玉铮

老子是春秋时的思想家，道家的创始人。一说老子即老聃，姓李名耳，字伯阳，楚国苦县（今河南鹿邑）厉乡曲仁里人，做过周朝的“守藏室之史”。孔子曾向他请教过周礼。著有《老子》，即《道德经》，后退隐。一说老子即太史儋，或老莱子。因此，《老子》一书是否为老子所作，历来有争论。不过，一般认为书中之所述，基本上反映了他的思想。

老子用“道”来说明宇宙万物的演变，提出了“道生一，一生二，二生三，三生万物”（第42章）和“天下万物生于‘有’，有生于‘无’”（第40章），进而认为“道”是“夫莫之命而常自然”（第51章），以及“人法地，地法天，天法道，道法自然”（第25章）等观点。

“道”可以解释为客观自然规律，同时又有“独立而不改，周行而不殆”（第25章）的永恒绝对的本体意义。老子提出了“反者道之动”（第40章）的命题，觉察到一切事物都有正反两方面的对立，例如大小、长短、高下、前后、进退、美丑、新旧、强弱、刚柔、有无、损益、阴阳、荣辱、得失、福祸、吉凶、难易、胜败、兴废、盈虚、贵贱等，并意识到对立面的转化，如：“正复为奇、善复为妖”（第58章）；“兵强则灭，木强则折”（第76章）；“祸兮，福之所倚；福兮，祸之所伏”（第58章）。

在认识论上，老子认为“道”不可“道”（第1章），不可“视”

“闻”“搏”（第14章），主张“塞其兑，闭其门”（第52章），通过虚静冥想直觉万物。同时老子相信“道”是“有象、有物、有精、有信”的。由此可见，“道”既是精神的，也是物质的。

老子的无为、不尚贤、愚民和小国寡民等思想，其目的是要人们返璞归真，回到不争、节欲、处柔和知足的境界。对当时的统治者，老子抨击道：“天之道，损有余而补不足；人之道则不然，损不足以奉有余”（第77章）；“民之饥，以其上食税之多，……民之轻死，以其上求生之厚”（第75章）；“民不畏死，奈何以死惧之？”（第74章）

《老子》全书虽然只有五千言，但其内容博大精深。它不但对哲学问题有着系统的论述，而且对宇宙、人生、社会、政治、军事、历史、伦理乃至修身处世之道，也都有相应的阐发。《老子》对中华民族的思想和心理有着很深的影响。即使在西方，除《圣经》外，《老子》的译本种类也最多。

老子，世人之先哲！
《老子》，东方之智慧！

Lao Zi and His Works

Shao Yuzheng

Lao Zi, the thinker in the Spring and Autumn Period(770-476 B.C.), is the founder of Taoists. Some said that he was Lao Dan, his family name is Li, his personal name is Er, with the cognomen Boyang, and once lived in Quren Village, Li District, Ku County (the now Luyi County of Henan Province), in the State of Chu . He was the librarian and archivist of Zhou Dynasty. Confucius once asked him for advice on the rites of Zhou Dynasty. He wrote ***Lao Zi***, i.e. ***The Book of Dao and De*** or ***Dao De Jing*** before he went into seclusion. Some said that "Lao Zi is Zhan the imperial historian or Lao Laizi". So it is always a big problem in history who is the real authorship. But, generally speaking, the contents in the book basecally reflected his thought.

Lao Zi explained the development of all things in universe with Dao and advanced the viewpoint of "The Dao begets the One. The One consists of Two in opposition (the Yin and Yang). The Two begets the Three. The Three begets all things of the world" (ch.42) and "All things of the world are born from the Being, and the Being from the Nothingness" (ch.40). At the same time he thought that "The Dao never unnaturally imposes its inluence on all creatures" (ch.51). Therefore he said that "Man takes earth as his model. Earth takes heaven as its model. Heaven takes the Dao as its model. The Dao takes what is natural as its model"(ch.25).

It can be expounded that Dao is the objective natural law and has the meaning of etemal and absolute noumenon: "It relies on nothing, moving around for ever"(ch.25). Lao Zi put forward a propposition that "In Dao the only motion is returning"(ch.40). And he guessed that in evenything there is both positive and negative opposite: big and small, long and short, high and low, front and back, advance and retreat, beautiful and ugly, new and old, strong and weak, rigid and supple, being and not-being, Yin and Yang, honor and disgrace, gain and loss, etc.. He was also aware of the change into the reverse. For instance,"The normal changes into the abnormal, the good changes into the evil"(ch.58)."The army that is too strong will be broken, and the tree that has the hardest wood will be cut down" (ch.76)."It is upon bad fortune that good fortune leans, upon good fortune that bad fortune rests"(ch.58).

In theory of knowledge, Lao Zi deemed that the Dao is not utterable, namable,"visible","hearable" and "touchable"(ch.14). So he advocated "Blocking the passages , shutting the doors"(ch.52) in order to know everything by meditation and intuition. In the meantime Lao Zi believed that the Dao "presents images","embodits substance","includes essence" and "is a genuine existence"(ch.21). This shows that the Dao is not only spiritual but also materialistic.

Why did Lao Zi put forward these words like "non-action policy","disregarding men of abilities","simplifying people's minds","keeping the country small and rendering population sparse"? It is because he wanted the human beings to return to original purity and simplicity, that is, to the state of "anticompetition","moderating desires","keeping weak" and "knowing contentment". To the rulers at that time he criticized that "The Dao of heaven means to compensate the deficient by reducing the excess , but the Dao of man is different—it gives the excess by taking from the deficient"(ch.77). "The people starve because the rulers collect too much taxes.···The people attach no importance to death, because the rulers set too much store in the pursuit of life"(ch.75). "When the people are not afraid of death, what is the point of threatening them with death"(ch.74)?

Containing only about 5000 words , ***Lao Zi*** has extensive knowledge and profound scholarship. It discusses philosophic problems systematically and covers subjects comprehensively ranging from human life, society, politics, military, history, ethics to cultivation of man's mind. ***Lao Zi*** has a great influence on the Chinese national thought and psychology. Even in the West, the translations of ***Lao Zi*** are only next to that of the ***Bible*** in number.

Lao Zi, the common people's sage!

Lao Zi, the oriental wisdom!

预 告

1. 对原文【考异】要点的提示一览

章次	提 示
01	无…… / 有……；句读之别
13	宠为下 / 宠为上，辱为下。
14	绳绳（mǐn mǐn）兮 / （miǎn miǎn）兮？（míng míng）兮？
15	“故能敝而新成”版本之别
20	如春登台 / 如登春台　澹兮，飘兮 / ……兮，……兮
22	故长（cháng , zhǎng）
31	以悲哀泣之 / 以哀悲莅之
36	将欲夺之 / 将欲取之
37	道常无为而无不为 / 道常无为
41	上德若谷 / 大白若辱　善始且善成 / 善贷（始）且成
44	甚爱必大费 / 是故甚爱必大费
46	罪、祸、咎三句皆有 / 无“罪莫”句者 / 有加括号的“罪莫”句者
49	圣人无常心 / 圣人常无心 / 圣人恒无心
51	句读：长之、畜之…… / 长之畜之，……（类似状况从略）
61	故大国以下小国 / 故大邦以下小邦
62	美言可以市尊，美行可以加人。/ 美言可以市，尊行可以加人。
65	以其智多 / 以其多智 / 以其智(知)也　亦楷式 / 亦稽式 / 变稽式也
66	江海之所以…… / 江海所以……
71	“知不知”的不同表述
73	天之所恶，孰知其故？/ 天之所恶，孰知其故？（是以圣人犹难之）
80	不远徙 / 远徙；无所陈（chén）之 / 无所陈（zhèn）之
81	天之道……；人之道……。/ 天之道……；圣人之道……。

2. 对于常见版式类型的探研与更新

一、 常见版本的原文设计类型：

1. **竖排式**：多因循古代版本，其正文皆未加注释之序号。如中华书局1996年5月出版的《帛书老子校注》（高明 撰）。详见下图：

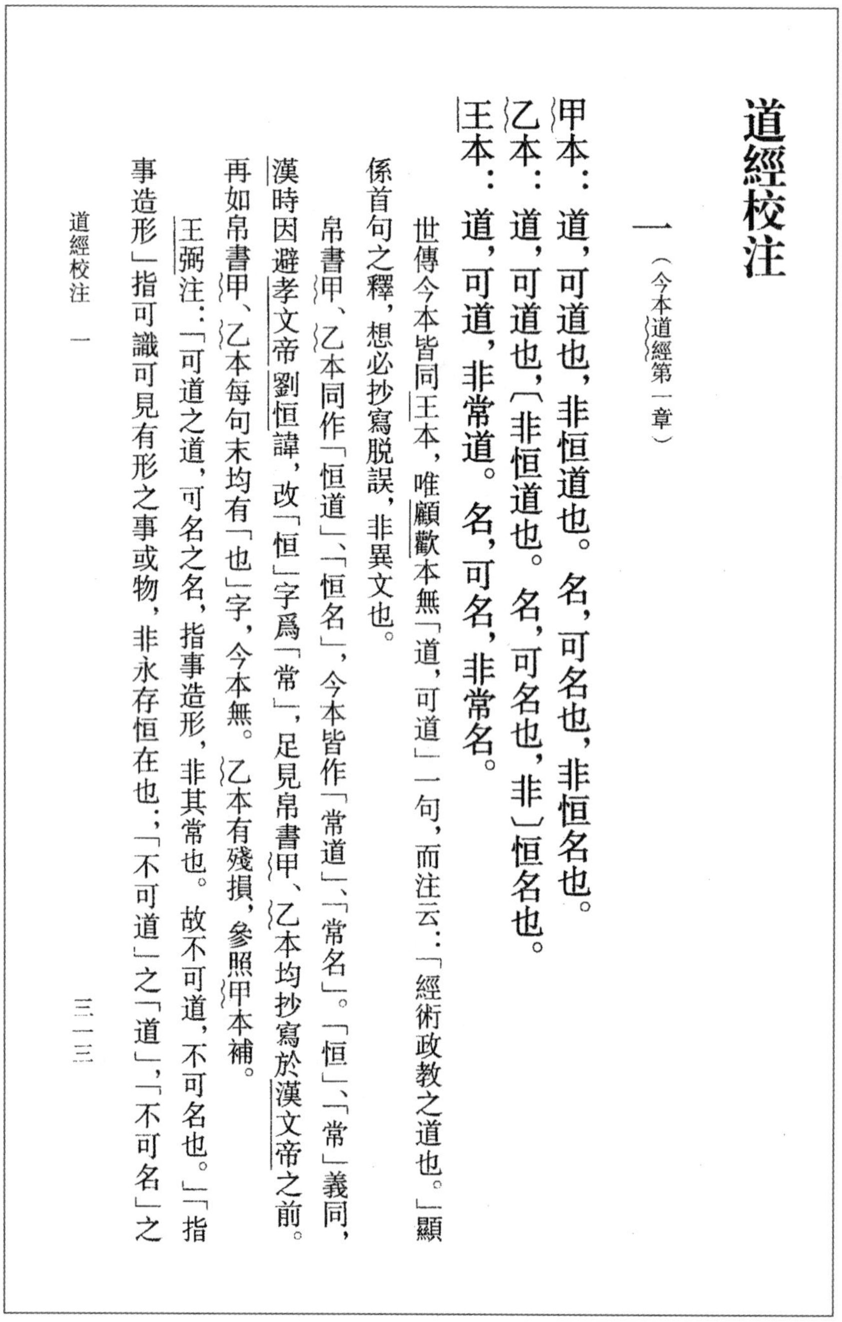

道經校注

一（今本道經第一章）

甲本：道，可道也，非恒道也。名，可名也，非恒名也。

乙本：道，可道也，〔非恒道也。名，可名也，非〕恒名也。

王本：道，可道，非常道。名，可名，非常名。

世傳今本皆同王本，唯顧歡本無「道，可道」一句，而注云：「經術政教之道也。」顯係首句之釋，想必抄寫脱誤，非異文也。

帛書甲、乙本同作「恒道」、「恒名」，今本皆作「常道」、「常名」。「恒」、「常」義同，漢時因避孝文帝劉恒諱，改「恒」字爲「常」，足見帛書甲、乙本均抄寫於漢文帝之前。再如帛書甲、乙本每句末均有「也」字，今本無。乙本有殘損，參照甲本補。

王弼注：「可道之道，可名之名，指事造形，非其常也。故不可道，不可名也。」「指事造形」指可識可見有形之事或物，非永存恒在也；「不可道」之「道」，「不可名」之

道經校注 一 三一三

2. **横排式**：多见于近代版本，其类型大致有三——

① **链式横排本**：原文有标点，有注之序号，甚是规范，但原文的词语多有割裂之痕。如北京时代华文书局 2019 年 5 月出版的《老子》（阚荣艳 译注）。详见下图：

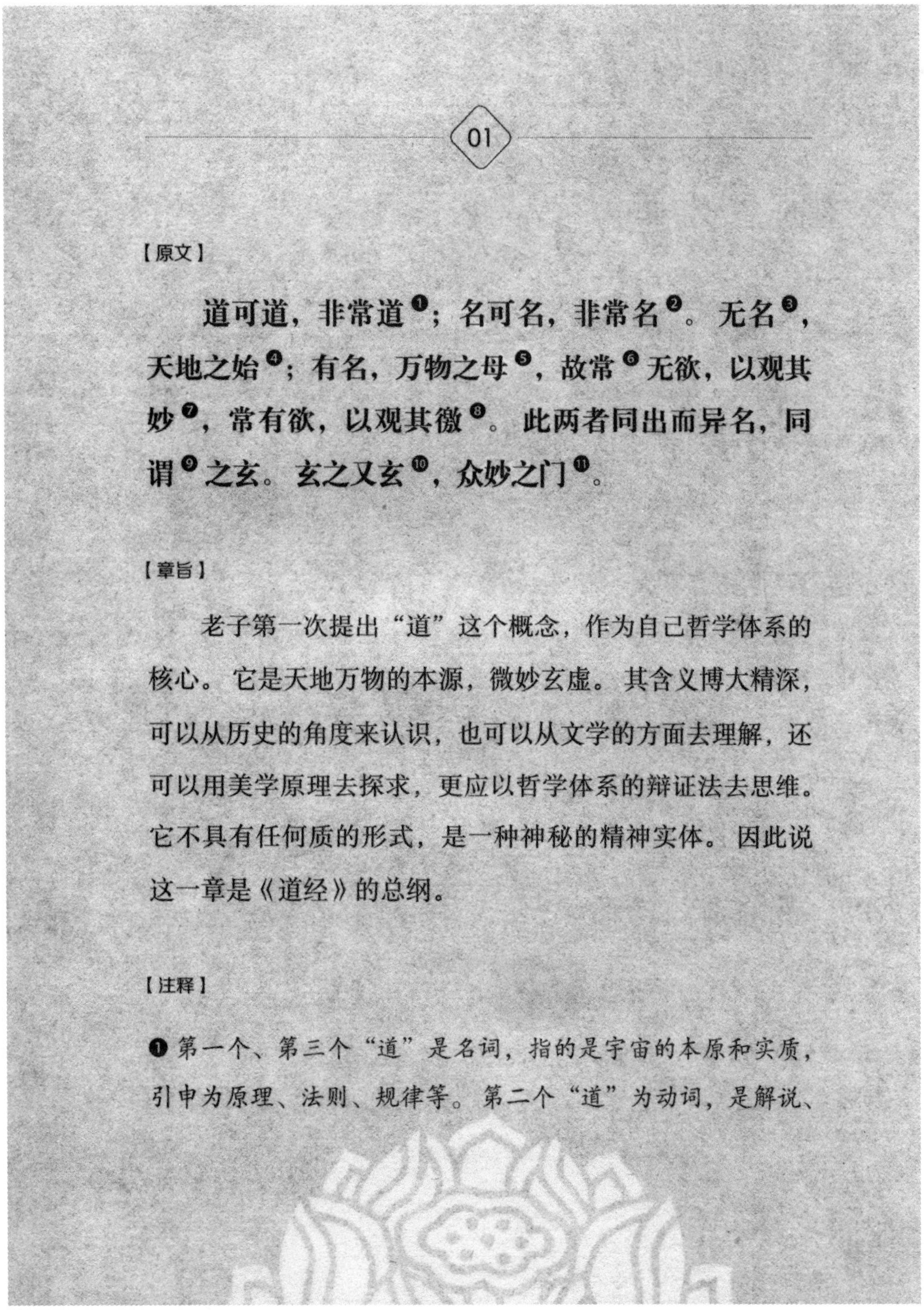

01

【原文】

道可道，非常道❶；名可名，非常名❷。无名❸，天地之始❹；有名，万物之母❺，故常❻无欲，以观其妙❼，常有欲，以观其徼❽。此两者同出而异名，同谓❾之玄。玄之又玄❿，众妙之门⓫。

【章旨】

老子第一次提出“道”这个概念，作为自己哲学体系的核心。它是天地万物的本源，微妙玄虚。其含义博大精深，可以从历史的角度来认识，也可以从文学的方面去理解，还可以用美学原理去探求，更应以哲学体系的辩证法去思维。它不具有任何质的形式，是一种神秘的精神实体。因此说这一章是《道经》的总纲。

【注释】

❶ 第一个、第三个“道”是名词，指的是宇宙的本原和实质，引申为原理、法则、规律等。第二个“道”为动词，是解说、

② **分段横排本**：其注之序号皆列于每段尾部，保障了段落的完整性。其【校注】含有考证内容。如北京联合出版公司2018年10月出版的《老子新绎》（吴宏一　著）。详见下图：

第一章

道可道，非常道。名可名，非常名。①

无，名天地之始；有，名万物之母。故常无，欲以观其妙；常有，欲以观其徼。②

此两者，同出而异名，同谓之玄；玄之又玄，众妙之门。③

【校注】

①以上四句——帛书甲本作："道可道也，非恒道也；名可名也，非恒名也。"帛书乙本则有脱文。恒、常二字同义。有人以为此书传本在汉代避文帝刘恒名讳，故易"恒"为"常"。河上公本、傅奕本皆同王弼本。也，是语尾助词，作字句停顿之用，犹如今日的标点符号。

②以上八句——前四句有人断句为："无名，天地之始；有名，万物之母。"历来据以解说的大有人在，观其所论，亦言之成理，第三十二章说的"道常无名"，更足以为据。但笔者以为上文既云"名可名，非常名"，则此不宜再以"有名""无名"为说，而且下文又有"常无""常有"之辞，故于"无""有"下断句，似较可取。又，"天地之始"，帛书本作"万物之始也"，亦可通。

后四句，帛书本作："故恒无欲也，以观其眇；恒有欲也，以观其所噭。"盖以"无欲""有欲"为读。这种读法自亦有据，河上公注："人常能无欲，则可以观道之要。"就是如此解读的。查第三章"常使民无知、无欲"，第三十七章"夫亦将无欲"，第五十七章"我无欲，而民自朴"等等，皆其证。

③ **单句横排本**：其注之序号多列于句尾，保持了句意的完整。其注释或列于原文之右或之左。如华东师范大学出版社2018年12月出版的《道德经译解》（郭吉飞 章皖 著）。详见下图：

第一章

道可道①，
非常道②；
名可名，
非常名。
无，名天地之始③；
有，名万物之母④。
故常无，
欲以观其妙；
常有，
欲以观其徼⑤。
此两者，
同出而异名。
同谓之玄。
玄之又玄，
众妙之门⑥。

① **道**：本义为道路，《道德经》中常指万物的本原。引申为自然界的各种规律和人世间的各种法则。也用作动词，指引导、衍生。
② **常**：永恒不变。
③ **名**：事物的称谓。也用作动词，指称作。
④ **母**：根本，根源。
⑤ **徼**(jiào)：边界，范围。
⑥ **门**：门径。

二、本册（释读本）推出的版式设计说明：

1. 因为《老子》著作中的排比句屡见不鲜，递进式的词句层出不穷，为便于阅读和理解，特把三种常见的横列版改为如下左右双排式。

【原文】

道可道，非常道；	常有欲，以观其徼。
名可名，非常名。	此两者，
无名，天地之始；	同出而异名，
有名，万物之母。	同谓之玄。
故常无欲，以观其妙；	玄之又玄，众妙之门。

2. 鉴于《老子》大多篇章言简意赅，遂决定沿用帛书甲、乙本和王弼本的版式，原文中不加注释序号。

3. 众所周知，早年《老子》的传本皆无篇名。本书各章标题，分别选用了元·赵孟頫所书之《道德经》（团结出版社）和清·黄元吉之版本（北京联合出版社、漓江出版社、中国华侨出版社）。

4. 为与《隶书》版本相互对应，同时方便广大读者阅览，全书均采用了较大号字型。

5. 【原文】【简注】【考异】【译文】的排序，基本上与常见的横排本格式相同。

三、横排式版本的页码编列类别：

1. 分项页码——

以华东师范大学出版社的《道德经译解》为例

目 录	编辑的话	序	正 文	后 记
1～2	1～2	1～3＋白页	1～173	174～177

2. 非完全分项页码——

① 以中华书局的《老子》为例

前 言	目 录	正 文
一～一七＋白页	✕（共4页）	一～一九九＋白页

② 以北京联合出版公司的《老子新绎》为例

总 序	序 论	目 录	正文 / 参考书目举要
1～2	3～14	✕（共4页）	1～323

3. 特异分项页码——

以国家图书馆出版社的《老子》为例

参编人员 / 编纂缘起 / 凡例 / 图版	目 录	导读 / 正文 / 附录等
✕（共8页）	1～5	1～292

4. 本书（释读本）的分项页码

目 录	前 言	预 告	正 文	附 录	后 记
1～4	5～8	9～15＋白页	1～127	128～154	155～156

道 经

01 体道/众妙之门

【原文】

道可道，非常道；
名可名，非常名。
无名，天地之始；
有名，万物之母。
故常无欲，以观其妙；
常有欲，以观其徼。
此两者，
同出而异名，
同谓之玄。
玄之又玄，众妙之门。

【简注】

1. 道：指浑然存在的宇宙本体，天地万物存在之源，也是一切运动对立转化的规律和法则。
2. 常：指恒久不变。（帛书为恒，见本书第10页竖排式之注）
3. 徼（jiào）:边界、边际；引申为端倪、底细。
4. 玄：深黑色；玄妙深远之意。

【考异】 无……，有……。句读不一

1. “无名天地之始，有名万物之母。”见中华书局《老子道德经注校释》。同是王弼本，而《帛书老子校注　下》则为：“无名，……；有名，……。”

2.“无，名……；有，名……。”见中华书局《老子》。

3.“无名，……；有名，……。”见人民出版社《老子新解》。

【译文】

可道之道（即众人所见所识之道），并非那独立不改的道（即先天地而生之道）。可名之名（即常人所言所说之名），并非那恒久不变之名（即道所用之名）。

“无”是天地的元始；“有”是万物的本源。所以，应该常从“无”中去观察“道”的奥妙，常从“有”中去认识“道”的底细。

这无、有二者，同出于道而名称不同，皆可谓玄妙幽深。玄妙而又玄妙，正是一切变化的总根源。

02 养身 / 功成弗居

【原文】

天下皆知美之为美，
斯恶已。
皆知善之为善，
斯不善已。
故有无相生，难易相成，
长短相形，高下相倾，
音声相和，前后相随。
是以圣人处无为之事，
行不言之教，
万物作焉而弗始也；
生而不有，为而不恃，
功成而弗居。
夫唯弗居，
是以不去。

【简注】

1. 斯恶已：就显出丑了。斯：则，就。恶：丑（醜）陋。已：通“矣”，相当于“了”。
2. 相倾：依靠，依存。帛书本为“相盈（包含）”。后盖避汉惠帝刘盈（公元前194—公元前188）之讳，世传今本此处皆改为“相倾”，而第4章和第22章之“盈”却均未更动。
3. 相和（hè）：即应和。
4. 无为（wéi）：不干涉，不独断专行。也就是不妄为，顺其自然，无为而治。
5. 弗（fú）：不。
6. 始：治理。
7. 恃（shì）：依仗，依赖。

【译文】

天下都知道美之所以为美，就显露出丑了。都知道善之所以为善，就显露出不善了。

所以，有无相互生成，难易相互对应，长短相互存在，高下相互显现，声音相互和谐，前后相互跟随。

因此，圣人用无为的方式处事，以不言的方式教化：万物生长而无限制，生养万物而不占有，培育万物而不依仗，功业有成而不自居。正因为不居功自傲，所以其功业不会泯没！

03 安民／不见可欲

【原文】

不尚贤，
使民不争；
不贵难得之货，
使民不为盗；
不见可欲，
使民心不乱。

是以圣人之治：
虚其心，实其腹，
弱其志，强其骨。
常使民无知无欲，
使夫智者不敢为也。
为无为，则无不治。

【简注】

1. 贤：有德有才的人。
2. 不见（xiàn）：见，通“现”。不显露，不炫耀。
3. 无知无欲：没有心智，没有欲望。
4. 为无为：以顺应自然的方式处事。

【译文】

不推崇贤能者，免得人们争功夺名；不珍贵难得的财物，免得人们明偷暗盗；不炫耀贪欲的东西，免得人们心被搅乱。所以，圣人治理天下，要净化百姓的心灵，满足百姓的饮食，弱化百姓的志气，增强百姓的筋骨。永远使百姓没有奸诈的心智，没有贪婪的欲望，使那些聪明的人不敢妄为。依照“无为”的原则办事，普天之下皆可大治。

04 无源／和光同尘

【原文】

道冲，而用之或不盈。
渊兮，似万物之宗。
挫其锐，解其纷，
和其光，同其尘。
湛兮，似或存。
吾不知谁之子，
象帝之先。

【简注】

1. 冲：通“盅”，意为空虚。
2. 和其光，同其尘：指不露锋芒、与世无争的处世态度。
3. 渊：深邃。
4. “挫、解、和、同”四句，又见56章。
5. 湛：精深；隐秘；清澈。
6. 象帝：象，好像。帝，天帝，造物主。

【译文】

道空虚无形，而其作用或许无穷无尽。深远啊！好似万物的宗主。挫去锐气，消除纷繁，柔和锋芒，混同尘俗。隐秘啊！又像是实有而存在。

我不知道它是谁家之子，似乎是天帝的祖先。

05 虚用／不如守中

【原文】

天地不仁，以万物为刍狗；
圣人不仁，以百姓为刍狗。
天地之间，其犹橐籥乎？
虚而不屈，动而愈出。
多言数穷，不如守中。

【简注】

1. 天地不仁：指自然界不存在人类的爱憎倾向。意同79章的“天道无亲”。
2. 刍（chú）狗：草扎成的狗，比喻轻贱无用之物。
3. 橐籥（tuó yuè）：籥，为“籥”的本字，乐器名。袋囊和笛管，此指风箱。
4. 屈（jué）：竭尽，穷尽。中州古籍出版社注音读qū，不合原义。
5. 多言：帛书甲乙本为“多闻”。
6. 数穷：数通“速”。此处指屡败，困惑。
7. 中：平衡点。

【译文】

天地没有偏爱，听任万物像刍狗一样自生自长；圣人没有偏爱，也听任百姓像刍狗一样自生自长。

天地之间，难道不像风箱吗？空虚却不穷竭，鼓动起来风生不止。

政令繁多而屡屡失败，倒不如保持清静无为。

06 成象 / 谷神不死

【原文】

谷神不死，是谓玄牝。
玄牝之门，是谓天地根。

绵绵若存，
用之不勤。

【简注】

1. 谷神："谷"即山谷，形容空虚。此处指"道"，亦即（五谷）生养之神——稷。
2. 牝（pìn）：雌性的。玄牝，指玄妙伟大的母性。55章"未知牝牡之合"，牡（mǔ），雄性的。
3. 门：指产门。
4. 勤：作"尽"讲。不勤：不会穷竭。

【译文】

生养天地万物之神永生，这就是微妙的母性。玄妙伟大的母性之门，这就是天地的根本。它绵绵不绝似乎永存，其作用无穷无尽。

07 韬光/天长地久

【原文】

天长地久。
天地所以能长且久者，
以其不自生，
故能长生。

是以圣人后其身而身先，
外其身而身存。
非以其无私邪？
故能成其私。

【简注】

1. 以：因为。
2. 邪（yé）：同“耶”。非以其无私邪？意即“以其无私”。
3. 成其私：成就自己。

【译文】

天长地久。天地所以能长而久，是因为天地不为自己而生，所以能够长而久。

因此，圣人把自身置于大众之后，反而受崇为先；把自身置于度外，反而保全了自己。这不正是由于他无私而成就了自身吗？

08 易性／上善若水

【原文】

上善若水。
水善利万物而不争，
处众人之所恶，
故几于道。
居善地，心善渊，
与善仁，言善信，
政善治，事善能，
动善时。
夫唯不争，
故无尤。

【简注】

1. 恶（wù）：讨厌；憎恨。所恶：指低洼之处。
2. 几（jī）：接近。
3. 渊：沉静，深广。亦见04章。
4. 政：通“正”。见《帛书老子校注 下》：“正（政）善治。”
5. 仁：有修养、心善良。
6. 尤（yóu）：怨咎，过失。

【译文】

上善的人如水一般。水滋养万物而不与之争先，它汇聚在人们所厌恶的低洼之处，所以最接近于“道”。

居住善处下让人，心胸善深厚清净，交往善仁慈亲和，言语善真诚守信，为政善精于治理，处事善发挥才干，行动善把握时机。

正因为与物不争，所以没有过失。

09 运夷／功成身退

【原文】

持而盈之，不如其已；
揣而锐之，不可长保。
金玉满堂，莫之能守；
富贵而骄，自遗其咎。
功遂身退，
天之道也。

【简注】

1. 已：停、止、休。
2. 揣（zhuī）：通“锻”。捶击。锐，通“棁”。
3. 遗（wèi）：赠予，送给。今多注为（yí），遗失，遗漏。（查《现代汉语词典》第7版已补录了wèi）
4. 咎（jiù）：灾祸；过失。
5. 遂（suì）：如意，成功。

【译文】

追求盈满，不如及早停止。显露锋芒，不能保持长久。金玉满堂，不能守住永远。富贵而骄，必将招致祸患。功成身退，本是自然规律。

10 能为／专气致柔

【原文】

载营魄抱一，能无离乎？
专气致柔，能如婴儿乎？
涤除玄览，能无疵乎？
爱民治国，能无为乎？
天门开阖，能为雌乎？
明白四达，能无知乎？
生之畜之。
生而不有，为而不恃，
长而不宰，是谓玄德。

【简注】

1. 载营魄：载，用作语助词，位于句首，无义，相当于“夫（fú）”。营，通“魂”，指精气。营魄，即魂魄。
2. 专：帛书为抟tuán（聚集），zhuān（专一）。王弼本改用“专”。
3. 玄览：又作“玄鉴”，意指人的心灵深处明澈如镜。
4. 畜（xù）：养育，蓄养。另见51章和61章。
5. “生而不有”四句重见于51章。

【译文】

守护心灵与坚持大道，能够彼此分离吗？专一精气、致力柔和，能像婴儿一样吗？洗涤心境、清除杂念，能没有一点瑕疵吗？爱护人民、治理国家，能顺乎自然吗？所有感官应接事物，能坚守宁静吗？通达四方，能离开知识吗？生长万物，养育万物，生而不占有，育而不仗恃，导而不宰割，此乃最崇高的德。

11 无用 / 无之为用

【原文】

三十辐共一毂，
当其无，有车之用。
埏埴以为器，
当其无，有器之用。
凿户牖以为室，
当其无，有室之用。
故有之以为利，
无之以为用。

【简注】

1. 辐（fú）：辐条，车轮中连结轴心与轮圈的直棍儿。
2. 毂（gǔ）：车轮的中心部分，有圆孔，可以插轴。
3. 埏（shān）：和泥。埴（zhí）：粘土。埏埴：制陶。
4. 户牖（yǒu）：门窗。

【译文】

三十根辐条汇集到一个轮毂上，由于轮毂中空，才能发挥车的作用。

把揉和的粘土做成器皿，由于器皿中空，才能发挥器皿的作用。

开凿门窗营造房屋，由于门窗中空，才能发挥房屋的作用。

所以，“有”（器物）给人带来了便利，“无”（中空）给人奉献了作用。

12 检欲／去彼取此

【原文】

五色令人目盲，
五音令人耳聋，
五味令人口爽，
驰骋畋猎令人心发狂，
难得之货令人行妨。
是以圣人为腹不为目，
故去彼取此。

【简注】

1. 五色：青、黄、赤、白、黑。青为蓝色或绿色，有时也指黑色。
2. 五音：宫、商、角（jué）、徵（zhǐ）、羽。相当于简谱上的 1 2 3 5 6。
3. 五味：甜（甘）、酸、苦、辣（辛）、咸（鹹）。
4. 爽：此处指败坏、差失。
5. 畋（tián）：打猎。
6. 行妨：德行败坏。妨：伤害。见03章："不贵难得之货，使民不为盗。"

【译文】

五色缤纷使人目眩，五音繁乱使人耳聋，五味混杂使人口伤，纵马围猎使人放荡，金银珠宝使人德丧。

因此，圣人只为温饱生存（内在充实），不求纵情声色（外表浮华），所以抛弃后者，而要前者。

13 厌耻／宠辱不惊

【原文】

宠辱若惊，贵大患若身。
何谓宠辱若惊？
宠为下，
得之若惊，失之若惊，
是谓宠辱若惊。
何谓贵大患若身？
吾所以有大患者，
为吾有身；
及吾无身，吾有何患？
故贵以身为天下，
若可寄天下；
爱以身为天下，
若可托天下。

【简注】

1. 贵：珍贵、重视。
2. 为（wèi）吾有身：为，表示原因。
3. 及：若，如果。

【考异】

1. “宠为下，……”见中华书局《帛书老子校注 下》，湖南出版社（汉英对照）《老子》，中州古籍出版社《老子》（注音少儿读本），北京联合出版公司《老子新绎》。
2. “宠，为下得之若惊，”见中华书局《老子道德经注校释》。
3. “宠为上，辱为下……”见中华书局《老子》，国家图书馆出版社《老子》，人民出版社《老子新解》。

【译文】

得宠和受辱就会惊恐不安，看重祸患如同看重自身。

为什么得宠和受辱都会感到惊恐不安？因受宠为下，得之失之皆会惊恐，这就是宠辱若惊的原由。

什么叫做看重祸患如同看重自身？我所以有祸患，是因为我有自身；如果我没有自身，何来什么祸患？

因此，能以贵身的态度治理天下者，就可以寄托天下；能以爱身的态度兼爱天下者，就可以委托天下。

14 赞玄 / 无象之象

【原文】

视之不见，名曰“夷”；
听之不闻，名曰“希”；
搏之不得，名曰“微”。
此三者不可致诘，
故混而为一。
其上不皦，
其下不昧，
绳绳兮不可名，
复归于无物。
是谓无状之状，
无物之象，
是谓惚恍。
迎之不见其首，
随之不见其后。
执古之道，
以御今之有。
能知古始，
是谓道纪。

【简注】

1. 夷：无形。希：无声。微：无形体。以上三者皆为幽而不显之意，亦即人的感官难以觉察之“道”。
2. 诘（jié）：询问，责问，反问。不可致诘，即不可思议。
3. 皦（jiǎo）：洁白，明亮，清晰。
4. 昧（mèi）：阴暗。
5. 绳绳：读 mǐn mǐn，见考异。
6. 惚恍：模糊，不清楚。意同“恍惚”。
7. 纪：准则，法度，纲纪，规律。

【考异】 绳有三个读音：shéng，yìng（草结子），mǐn

1.《辞海》特注《老子》“绳绳不可名”读 mǐn mǐn，意为无边无际，意同“绵绵”。

2. 中州古籍出版社（少儿读物）《老子》注为：miǎn miǎn，不知所从。

3. 人民出版社《老子新解》注为：míng míng，也不知其所据。

【译文】

看却看不到，叫做“夷”；听却听不见，叫做“希”，拍却拍不上，叫做“微”。这三者不可追问，是混为一体的。上面不显亮光，下面不显灰暗，无边无际啊又不可名状，最终还是回到无物状态。这就是没有形状的状，没有物象的象，也就是所谓的“惚恍”。迎着它，看不见它的排头；追着它，看不见它的尾后。

根据古有之道，以驾御（驾驭）当今的具体事物。能够认知宇宙的本原，便是明白了道的纲纪。

15 显德／微妙玄通

【原文】

古之善为道者，
微妙玄通，深不可识。
夫唯不可识，
故强为之容：
豫兮，若冬涉川；
犹兮，若畏四邻；
俨兮，其若客；
涣兮，其若冰释；
敦兮，其若朴；
旷兮，其若谷；
混兮，其若浊。
孰能浊以静之徐清？
孰能安以动之徐生？
保此道者，不欲盈。
夫唯不盈，
故能敝而新成。

【简注】

1. 善为道者：指得道之人，善于行道之人。
2. 强（qiǎng）：勉强。容：描述，形容。
3. 豫兮：谨慎状。
4. 犹兮：警戒状。
5. 俨：恭敬，庄重。
6. 敝：通“蔽、弊”。

【考异】“故能敝而新成”版本之别

1. 帛书：是以能敝而不成（宁敝坏而不图成）。
2. 王弼：故能蔽不新成。

3. 敦煌甲本：能敝复成。

（见国家图书馆出版社《老子》第88页[注释]17）

4. 多种新本：故能敝而新成（弃旧图新，去故更新）。

【译文】

古时善于行道的人，精妙通达，深奥得难以认识。正因为如此，只好勉强地描述它；小心谨慎啊，像冬天涉水过河；疑虑不止啊，像防范四面围攻；庄重严肃啊，像做嘉宾贵客；流动涣散啊，像冰凌消融；敦厚老实啊，像原木纯朴；空旷宽阔啊，像深山幽谷；浑然深沉啊，像江河浑浊。

谁能将浊水静止慢慢澄清？谁能使稳而变动慢慢催生？保持此道的人，不求满盈。正因为不满盈，所以他能够推陈出新。

16 归根／虚极静笃

【原文】

致虚极，守静笃。
万物并作，吾以观其复。
夫物芸芸，各复归其根。
归根曰“静”，
是谓“复命”。
复命曰“常”，
知常曰“明”。
不知“常”，妄作凶。
知常容，容乃公，
公乃全，全乃天，
天乃道，道乃久，
没身不殆。

【简注】

1. 致：同“至”，意为达到。
2. 笃（dǔ）：切实，坚定。静笃：清静无欲。
3. 作：生长，发展。
4. 芸芸：纷杂，繁多。
5. 根：指本原，指道。
6. 是谓：有的版本为“静曰”。
7. 复命：复归本性，孕育新生。
8. 常：指永恒不变之规律。
9. 殆（dài）：危险。

【译文】

使心灵虚寂达到终极处，使清静无为处于最高端。万物生长发育时，我会观察其往复的规律。

万物纷纷芸芸，皆各自回归其本。回归其本叫“静”，静叫“复命”。复命叫“常”，知常叫“明”。不了解“常”，就会轻举妄动干出凶险之事。

能知常就能包容，能包容就能公正，能公正就能周全，能周全就符合自然，符合自然就同于道，与道同行就能长久，终生没有危险。

17 淳风／功成身遂

【原文】

太上，下知有之；
其次，亲而誉之；
其次，畏之；
其次，侮之。

信不足焉，有不信焉。
悠兮其贵言。
功成事遂，百姓皆谓：
我自然。

【简注】

1. 太上：至上，指最好的（统治者）。
2. 下知：见帛书甲乙本、王弼本等。还有些本为“不知”。
3. 信：前句指诚实、诚信。后句意为信任。
4. 悠兮：悠然自在样。
5. 贵言：不轻易发号施令。

【译文】

最好的统治者，百姓感觉不到他的存在；其次的，百姓亲近赞誉他；再次的，百姓害怕他；更次的，百姓轻蔑他。统治者诚信不够，百姓自然不会信任他。

最好的统治者悠然啊，很少发号施令。功业成就了，百姓都说：“我们本来就是如此。”

18 俗薄／大道废

【原文】

大道废，有仁义；
智慧出，有大伪；
六亲不和，有孝慈；
国家昏乱，有忠臣。

【简注】

1. 大道：指老子理想社会的最高原则。
2. 仁义：对人亲善，德行合宜。
3. 智慧：指智谋、巧利。见多数版本。
   此外，帛书甲本：知（智）快（慧）出……
   帛书乙本：知（智）慧出……
   河上公本：智慧出……
   王弼　本：慧智出……
4. 六亲：父子、兄弟、夫妇。

【译文】

大道废弃，才会提倡仁义；智巧出现，才会产生诈伪；六亲不和，才会显现孝慈；国家昏乱，才会出现忠臣。

19 还淳/少私寡欲

【原文】

绝圣弃智，民利百倍；
绝仁弃义，民复孝慈；
绝巧弃利，盗贼无有。
此三者，以为文不足，
故令有所属：见素抱朴，
少私寡欲，绝学无忧。

【简注】

1. 绝圣：指杜绝仁和巧；弃智：指抛弃义和利。
2. 文：指条文、法则。
3. 属（zhǔ）：归往，适从。
4. 见：同“现”。
5. 素：原指本色生丝。比喻原始状态。
6. 绝学：当指抛弃“圣智、仁义、巧利”等世俗之学。

【译文】

抛弃聪明巧智，百姓可以获益百倍。抛弃所谓仁义，百姓可以恢复孝慈。抛弃讹诈谋利，盗贼就会消失。上述三者，作为文饰，不足以治理天下。所以，还必须让百姓有所遵循：坚守朴素，减少私欲，杜绝世俗之学和忧虑。

20 异俗／独异于人

【原文】

唯之与诃，相去几何？
美之与恶，相去若何？
人之所畏，不可不畏。
荒兮，其未央哉！
众人熙熙，如享太牢，
如春登台。
我独泊兮，其未兆。
沌沌兮，如婴儿之未孩；
累累兮，若无所归。
众人皆有余，而我独若遗。
我愚人之心也哉！
俗人昭昭，我独昏昏；
俗人察察，我独闷闷。
澹兮其若海，
飘兮若无止。
众人皆有以，
而我独顽且鄙。
我独异于人，而贵食母。

【简注】

1. 唯之与诃（hē）：指唯声（对上）与诃声（对下）。诃，同“阿”，呵斥，责骂。
2. 美之与恶：见帛书，其义同02章之用法。多种版本沿用。王弼本改“美”为“善”。
3. 未央：无穷，无极。央：结束。
4. 太牢：牛、羊、猪三样齐全。只有羊、猪称少牢。
5. 沌沌（dùn dùn）：混沌不清。
6. 昭昭：明白，鲜亮。
7. 昏昏：糊涂，暗昧。
8. 察察：精明，严酷。

9. 闷闷：浑浊，质朴。

10. 有以：有用，有作为。

11. 食母：如婴儿吮母乳。此母比喻哺育万物之“道”。

【考异】

1. 如春登台：帛书为“而春登台”。仅个别本为“如登春台”。
2. 累累（léi）兮，同儽儽兮，意为疲劳样。帛书为“累呵”。
3. 澹兮，飘兮：不同版本还有“澹兮，飂（liú）兮”“惚兮，恍兮”“忽兮，寂兮”“忽兮，漂兮”“忽兮，飘兮”等等。

【译文】

应诺与呵斥，相差多少？美好与丑恶，相差几何？人们所畏惧的，不可不畏惧。空旷啊，宇宙无边无际！

众人欢欢乐乐，如同享用盛宴，如同春登高台眺望。唯我却独自淡泊恬静啊，无动于衷。

浑浑沌沌啊，好似不会嘻笑的婴儿；懒懒散散啊，好似无家可归。

众人都有剩余，唯我好像不足。我真是有一颗愚人的心啊！

世人都活得那么光亮，而我却过得这样昏沉；世人都活得那么精明，而我却过得如此憋闷。

深沉啊，像无边的大海；飘逸啊，好像没有终止。

大家都有作为，我却冥顽而笨拙。我独与世人不同，而是深知用道这个根本。

21 虚心 / 孔德之容

【原文】

孔德之容，惟道是从。
道之为物，惟恍惟惚。
惚兮恍兮，其中有象；
恍兮惚兮，其中有物。
窈兮冥兮，其中有精；
其精甚真，其中有信，
自古及今，其名不去，
以阅众甫。
吾何以知众甫之然哉？
以此。

【简注】

1. 孔：大。孔德：大德。
2. 窈（yǎo）：深远，微不可见。
3. 冥：暗昧，深不可测。
4. 甫（fǔ）：① 通“父”，中国古代对男子的美称。
② 开始，起初。众甫：万物的初始。

【译文】

大德的模样，以“道”为准绳。

“道”这个东西，似有似无。如此惚惚恍恍，其中却有形象；如此恍恍惚惚，其中却有实物。深远幽暗啊，其中却有精气；这精气非常真切，可以依赖。

从古到今，其名永在，可以用来认识万物的初始。我怎么知道万物初始的状态呢？正是由道而知。

22 益谦／全而归之

【原文】

曲则全，枉则正，
注则盈，敝则新，
少则得，多则惑。
是以圣人抱一为天下式。
不自见，故明；
不自是，故彰；
不自伐，故有功；
不自矜，故长。
夫唯不争，
故天下莫能与之争。
古之所谓“曲则全”者，
岂虚言哉！诚全而归之。

【简注】

1. 一：指“道”。抱一，即守道。（全书有“一”的章次，见39章之［考异］一）
2. 彰：显著；表扬。
3. 伐：夸耀。见24章：“自伐者无功”。
4. 矜（jīn）：骄傲，自满。
5. 诚：确实，的确。

【考异】

1. 故长（cháng）：见中华书局《老子》注⑪，上海古籍出版社《老子今释新译》注⑨。
2. 故长（zhǎng）：当领导者，居首位。见人民出版社《老子新解》注⑪，国家图书馆出版社《老子》注⑩。

【译文】

弯曲反能保全，委屈反能伸直，低洼反能积满，破相反能更新，少取反能多得，贪多反遭困惑。

因此，圣人坚守大道为天下的楷模。不自我表现，故而聪明；不自以为是，故而彰显；不自我标榜，故而见功；不自大骄傲，故而长久。

正因为不与人争，天下人没有谁能与他争。古代所谓“弯曲反能保全”之说，难道是空话吗？它确实能起到保全的作用。

23 虚无 / 希言自然

【原文】

希言自然。
故飘风不终朝，
骤雨不终日，
孰为此者？天地。
天地尚不能久，
而况于人乎？
故从事于道者，同于道；
德者，同于德；
失者，同于失。
同于道者，道亦乐得之；
同于德者，德亦乐得之；
同于失者，失亦乐得之。
信不足焉，有不信焉！

【简注】

1. 希：通“稀”。希言：此指施政者少发号令，勿扰民。
2. 飘：旋风、大风、狂风。
3. 终：尽，全。
4. 朝（zhāo）：早晨。
5. 失者：指失道、失德者。
6. 信不足焉，有不信焉：此二句已见于17章。

【译文】

少言政令是符合自然规律的。所以，狂风刮不了一个早晨，暴雨下不了一个整天。谁使它这样的呢？是天地。天地尚且不能让狂风暴雨持久，何况人呢？

所以，从事于道的人，当与道相同；从事于德的人，应与德相同；那种失道失德的人，必与失相同。符合道的人，道也乐于得到他；符合德的人，德也乐于得到他；失道失德的人，失道失德也乐于得到他。凡诚信不足者，定会失去信任。

24 苦恩／跂者不立

【原文】

企者不立，跨者不行。
自见者不明，自是者不彰。
自伐者无功，自矜者不长。
其在道也，曰：
余食赘行，物或恶之。
故有道者不处。

【简注】

1. 企：通“跂”（见《辞海》），指用脚尖着地，踮起脚跟。
2. 跨：阔步，跨越。不行：不能行远。
3. 余食：剩饭。赘（zhuì）行：赘，指多余的肉，赘瘤。行，通“形”。
4. 物：别人，众人。恶（wù）：厌恶。
5. 不处：不居于此，不这样做。

【译文】

踮脚站立难以长久，跨步走路难以远行。自我显露者不聪明，自以为是者不彰显；自我标榜者不见功，自我骄傲者不长久。

从道的观点来看，可以说：剩饭赘瘤，令人厌恶。所以，有道的人都不这样做。

25 象元 / 道法自然

【原文】

有物混成，先天地生。
寂兮寥兮，
独立而不改，
周行而不殆，
可以为天下母。
吾不知其名，
字之曰“道”，
强为之名曰：“大”。
大曰逝，逝曰远，远曰反。
故道大，天大，
地大，人亦大。
域中有四大，而人居其一焉。
人法地，地法天，
天法道，道法自然。

【简注】

1. 物：本指有形的东西，此处指无形的“道”。
2. 字：别名。字之：即给它起个别名。
3. 大：极言道无边无际，无所不包。
4. 域：国，天下。
5. 法：遵循，效法。［魏］王弼注：法，谓法则也。人不违地，乃得全安，法地也。地不违天，乃得全载，法天也。天不违道，乃得全覆，法道也。道不违自然，乃得其性，法自然也（此句系据陶鸿庆说校补的）。

【译文】

有个浑然一体的东西，先于天地而存在。无声啊，无形啊，独立存在而永不改变，循环运行而永不懈怠，可以成为天地的本原。我不知道它的名字，就称它为“道”，再勉强称它为“大”。大又称为“逝”，逝又称为“远”，远又称为“反”。

所以说，道大，天大，地大，人也大。宇宙间有四大，而人居于四大之一。

人效法地，地效法天，天效法道，道效法自然。

26 重德/重为轻根

【原文】

重为轻根，静为躁君。
是以君子终日行不离辎重，
虽有荣观，燕处超然。
奈何万乘之主，
而以身轻天下？
轻则失根，躁则失君。

【简注】

1. 辎（zī）重：行军时由运输部队携带的物资；外出时所带的衣物箱笼。辎，古代的一种车。
2. 燕处（chǔ）：燕，通“宴”，安逸，安闲。燕处指安居，闲居。
3. 万乘（shèng）：古时一车四马叫“乘”。万乘之主，指大国君主。

【译文】

稳重是轻率的根本，沉静是躁动的主宰。因此，君子整天出行离不开四面屏蔽的车辆。

虽有雅居之乐，却能超然物外。身为大国之君，怎么能轻浮地面对天下呢？

轻率就会丧失根本，浮躁就会丧失主宰。

27 巧用／常善救人

【原文】

善行，无辙迹；
善言，无瑕谪；
善数，不用筹策；
善闭，无关楗而不可开；
善结，无绳约而不可解。
是以圣人常善救人，
故无弃人；
常善救物，
故无弃物。
是谓"袭明"。
故善人者，不善人之师；
不善人者，善人之资。
不贵其师，不爱其资，
虽智大迷，是谓"要妙"。

【简注】

1. 瑕谪（zhé）：过失，缺点，疵病。
2. 袭（xí）：重叠。袭明：双重（救人，救物）知明。
3. 资：借鉴，鉴戒；资用，指善人教导的对象。
4. 要妙：精深微妙。妙，通"眇"。

【译文】

善于用车的人，不留车痕；善于言谈的人，不留语病；善于计算的人，不用筹码；善于关门的人，不用门闩却打不开；善于捆绑的人，不用绳索却不能解。

因此，圣人善于经常救助他人，所以没有被抛弃的人；善于经常拯救万物，所以没有被抛弃的物。这就叫相袭高明。

因此，善人是不善人的老师，不善人是善人的学生。不尊重老师，不爱护学生，虽然自以为聪明，其实是个大大的糊涂虫。这就是精妙无穷的道理。

28 反朴／常德不离

【原文】

知其雄，守其雌，
为天下溪。
为天下溪，常德不离，
复归于婴儿。
知其白，守其黑，
为天下式。
为天下式，常德不忒，
复归于无极。
知其荣，守其辱，
为天下谷。
为天下谷，常德乃足，
复归于朴。
朴散则为器，
圣人用之，则为官长，
故大制不割。

【简注】

1. 溪：同“谿”，山间小水沟，溪涧。
2. 忒（tè）：差错。
3. 谷：无水曰谷，空虚。
4. 朴（pǔ）：未加工的木材；通“樸”，质朴，纯朴。
5. 大制不割：完善的制度不会伤害百姓。

【译文】

深知雄强，却甘于雌柔，作为天下的溪涧。作为天下的溪涧，永恒的德就不会离去，且能回归到婴儿纯真的状态。

深知洁白，却甘于暗昧，作为天下的楷模。作为天下的楷模，永恒的德就不会失误，且能回归到最理想的状态。

深知荣耀，却安于卑微，作为天下的空谷。作为天下的空谷，永恒的德就能充足，且能回归到本初的质朴状态。

质朴解体为各种器具，圣人利用它们，成为百官之长，所以完善的制度是不会伤害百姓的。

29 无为／去奢去泰

【原文】

将欲取天下而为之，
吾见其不得已。
天下神器，
不可为也，不可执也。
为者败之，执者失之。
故物，或行或随，
或歔或吹，
或强或羸，
或载或隳。
是以圣人去甚、去奢、去泰。

【简注】

1. 不得：不可得，不会如愿。
2. 神器：神圣之物。
3. 或歔（xū）或吹：呼气有缓有急。歔：人民出版社、国家图书馆出版社、中州古籍出版社等均注“通嘘”。
4. 羸（léi）：瘦弱。强的反义。
5. 或载或隳（huī）：载，安稳，成就；隳，危险，毁坏。

【译文】

想要以夺取天下而治理它，我看他是达不到目的的。天下是个神圣的东西，不能勉强而为，也不能用力把持。勉强而为就会失败，用力把持就会丧失。

世间万物，有前有后，有缓有急，有强有弱，有成有败。因此，圣人要去掉极端，去掉奢侈，去掉过分的东西。

30 俭武 / 故善者果

【原文】

以道佐人主者，
不以兵强天下。其事好还。
师之所处，荆棘生焉。
大军之后，必有凶年。
善者果而已，不敢以取强。
果而勿矜，果而勿伐，
果而勿骄，果而不得已。
是谓果而勿强。
物壮则老，是谓不道。
不道早已。

【简注】

1. 还：返，回报，报应。
2. 凶年：灾荒年。
3. 伐：炫耀。
4. 不得已：不得不如此，无可奈何。
5. 早已：早亡，早完，早止。

【译文】

用道辅佐君主的人,不靠兵力逞强于天下。用兵这件事会很快得到报应的。军队所到之处，荆棘丛生。大战之后，必有荒年。

善战者只求取得胜利，不敢借武力称霸。胜利了不要矜夸，胜利了不要炫耀，胜利了不要骄傲，胜利了是一种不得已。这就是说，胜了也不要逞强。

事物发展到盛壮就会衰老，这就不合乎道了。不符合于道就会提早消亡。

31 偃武／恬淡为上

【原文】

夫兵者，不祥之器，
物或恶之，
故有道者不处。
君子居则贵左，
用兵则贵右。
兵者不祥之器，
非君子之器，
不得已而用之，恬淡为上。
胜而不美，
而美之者，是乐杀人。
夫乐杀人者，
则不可得志于天下矣。
吉事尚左，
凶事尚右。
偏将军居左，
上将军居右，
言以丧礼处之。
杀人之众，
以悲哀泣之；
战胜，以丧礼处之。

【简注】

1. 夫兵者：此兵指军械，兵器。
2. 物或恶之：物，指人；或，也许，可能；恶（wù）：讨厌。
3. 居：指平时。
4. 贵（尚、居）左：古人认为左阳右阴，左阳代表生，右阴代表杀。故平时以居左为贵，战时以居右为贵。
5. 偏将军：副将。
6. 上将军：主将。

【考异】

1. 以悲哀泣之：中华书局《老子》。（泣 qì）
2. 以哀悲泣之：中华书局《老子道德经注校释》。
3. 以悲哀莅之：安徽人民出版社《道德经》。（莅 lì）
4. 以哀悲莅之：人民出版社《老子新解》。
5. 以哀悲立之：凤凰出版社《老子注译》。

【译文】

兵器是不吉祥的东西，谁都厌恶它，所以有道的人都不接触它。

君子平常以左为贵，用兵时以右为贵。兵器是不祥之物，不是君子常用的东西，当万不得已使用时，最好以宁静安适为上。胜利了不必赞美，如果赞美胜利，就是喜欢杀人。那些以杀人为乐者，是不可能夺取天下的。

吉庆的事情以左为上，凶丧的事情以右为上。偏将军在左，上将军在右，这是说打仗要按照丧礼的仪式来处理。杀人众多，要有悲伤哀恸的心情；打了胜仗，要以丧礼的仪式去处置。

32 圣德 / 知止不殆

【原文】

道常无名，朴虽小，
天下莫能臣。
侯王若能守之，
万物将自宾。
天地相合，以降甘露，
民莫之令而自均。
始制有名，名亦既有，
夫亦将知止。
知止可以不殆。
譬道之在天下，
犹川谷之于江海。

【简注】

1. 朴：本指未加工的原木。意为纯朴，朴实。此处为道的别称。
2. 臣：用作动词，意即“使……服从”。莫能臣：无人能支配它。
3. 宾：服从，归顺。
4. 譬（pì）：打比方，譬如。

【译文】

道永远无名，处于质朴状态，虽小，天下人谁也不能支配它。侯王如果坚守它，万物将会自动归顺他。

天地阴阳交合，就会降下甘露，百姓没有谁能使它自然分布均匀。

建立了体制，便有了名称，名称既然有了，也就知道了各自的底线。知道了底线，便可以避免危险。须知道存在于天下，犹如江海对于川谷的关系一样。

33 辩德 / 知人者智

【原文】

知人者智，自知者明。
胜人者有力，自胜者强。
知足者富。
强行者有志。
不失其所者久。
死而不亡者寿。

【简注】

1. 智：聪明，智慧。
2. 强行：努力不懈，勉力勤行。注音读强（qiǎng）行者，仅见国家图书馆出版社《老子》。
3. 所：处所，根本。此处指”道”。
4. 亡：失去，丢失。通“忘”。不亡，指“道犹存”。

【译文】

善于了解别人的人可谓智慧，能够认清自己的人可谓聪明。能够胜过他人的人可谓有力，能够战胜自己的人可谓刚强。知道满足就是富有。顽强力行的人可谓有志。不失根本的人就能长久，身去而道存的人才算长寿。

34 任成/终不为大

【原文】

大道泛兮，其可左右。
万物恃之以生而不辞，
功成而不有。
衣养万物而不为主，
常无欲，可名于“小”；
万物归焉而不为主，
可名为“大”。
以其终不自为大，
故能成其大。

【简注】

1. 泛：通“氾”。广泛，普遍。
2. 左右：泛指各处。
3. 恃（shì）：依赖，依靠。
4. 不辞：不拒绝，不限制。
5. 衣养：保护养育。/ 衣被：遮盖，覆盖。见中华书局《老子》。
6. 可名为大：见《老子道德经注校释》/ 可名于大：见《帛书老子校注》。

【译文】

大道广泛流行，无处不在。它养育万物而不辞辛劳，功业告成却从不据为己有。它养护了万物而不自以为主，它永远没有欲望，可以说是渺小；万物归附它也从不自以为主，可以称其伟大。由于它从不自以为大，所以才能成就它的大。

35 仁德/往而无害

【原文】

执大象，天下往。
往而不害，安平太。
乐与饵，过客止。

道之出口，淡乎其无味，
视之不足见，听之不足闻，
用之不足既。

【简注】

1. 大象：无形之象，象指道；大象，即大道。
2. 往：依附，归顺。
3. 安平太：安，作连词，意为乃，则，就，于是。平：和平，太平。太：通“泰”，康宁。
4. 不足：不能，无法。
5. 既：尽，完，终。

【译文】

执守大道，天下百姓都来归往。归往而不伤害，就会彼此平和安泰。

音乐和美食，能使路人止步。而道的宣讲，却平淡无味，看它看不见，听它听不到，用它却无穷。

36 微明／国之利器

【原文】

将欲歙之，必固张之；
将欲弱之，必固强之；
将欲废之，必固举之；
将欲夺之，必固与之。

是谓“微明”，
柔弱胜刚强。
鱼不可脱于渊，
国之利器不可以示人。

【简注】

1. 歙（xī）之：收敛、收拢对手。
2. 固：通“故”，有意。
3. 微明：精明，高明，此指变化的先兆。
4. 利器：指权势，武力，法令，强权政治等治国手段。

【考异】 歙/翕/拾，夺/取

1. “将欲歙之”：见中华书局《老子》，人民出版社《老子新解》。
2. “将欲翕之”：见北京联合出版公司《老子新绎》。
3. “将欲拾之”：见中华书局《帛书老子校注 下》第 585 页。
4. “将欲夺之”：见北京联合出版公司《老子新绎》，上海古籍出版社《老子今释新译》。
5. “将欲取之”：见中华书局《老子》，上海辞书出版社《老子鉴赏辞典》。

【译文】

要想收敛它，必先扩张它；要想削弱它，必先增强它；要想废弃它，必先举荐它；要想夺取它，必先给予它。这就叫做微机妙理。柔弱胜刚强。鱼不能离开池渊，治国之权谋不可向人们炫耀。

37 为政／道常无为

【原文】

道常无为而无不为。
侯王若能守之，
万物将自化。
化而欲作，
吾将镇之以无名之朴。
镇之以无名之朴，
夫将不欲。
不欲以静，
天下将自正。

【简注】

1. 无为：顺应自然，不妄为。
2. 自化：自己生长，自己化育，自然教化。
3. 作：兴起。欲作：欲望兴起（发作、萌发）。
4. 夫：这，那。
5. 以：而，就。

【考异】道常句

1. “道常无为而无不为”：见中华书局《老子》，多数版本如是。
2. “道常，无为而无不为”：见国家图书馆出版社《老子》。
3. “道常无为，而无不为”：见上海古籍出版社《老子今释新译》，北京联合出版公司《老子新绎》。

【译文】

道总是顺应自然而不妄为，因而能无所不为。

侯王若能坚守它，万物就会自然成长变化。成长变化若私欲萌发，我将用道的质朴来震慑它。用道的质朴震慑它，就不会产生贪欲。没有贪欲而使人清静，天下将会归于正道。

38 论德／上德不德

【原文】

上德不德，是以有德；
下德不失德，
是以无德。
上德无为而无以为；
下德为之而有以为。
上仁为之而无以为；
上义为之而有以为。
上礼为之而莫之应，
则攘臂而扔之。
故失道而后德，
失德而后仁，
失仁而后义，失义而后礼。
夫礼者，
忠信之薄而乱之首。
前识者，
道之华而愚之始。
是以大丈夫处其厚，
不居其薄；
处其实，不居其华。
故去彼取此。

【简注】

1. 上德不德：崇德、高德者，无意追求仁义之类的品德。
2. 下德为之：据王弼本，人民出版社《老子新解》等。下德无为：见中华书局《老子》。
3. 礼：古代的德行规范，表示尊敬的言行。
4. 攘（rǎng）：挽起。攘臂：捋起袖子，伸出胳膊（推搡）。
5. 前识：先知，有先见。

【译文】

上德的人顺应自然不追求那种仁爱之德，因此确实有德；下德的人自认为没有失去仁爱之德，这实际上是无德；

上德的人顺应自然而无所作为，下德的人一举一动乃是有意所为。

上仁的人顺应自然而无所作为，上义的人一举一动乃是有意所为。

上礼的人顺应自然而无人回应时，就扬起胳膊强迫人顺从。

所以，失道而后有德，失德而后有仁，失仁而后有义，失义而后有礼。礼这个东西，标志着忠信不足，是混乱的祸首。

所谓“先知”，只是认识道的虚华，是愚昧的开始。因此，大丈夫应立身敦厚，而忌浅薄；身处朴实，而忌浮华。所以，要抛弃后者（浅薄浮华），而采取前者（敦厚朴实）。

39 法本／以贱为本

【原文】

昔之得一者：
天得一以清，
地得一以宁，
神得一以灵，
谷得一以盈，
万物得一以生，
侯王得一以为天下正。
其致之一也。
天无以清，将恐裂；
地无以宁，将恐废；
神无以灵，将恐歇；
谷无以盈，将恐竭；
万物无以生，将恐灭；
侯王无以正，将恐蹶。
故贵以贱为本，
高以下为基。
是以侯王自谓
孤、寡、不穀。
此非以贱为本邪？
非乎？
故至誉无誉。
不欲琭琭如玉，
珞珞如石。

【简注】

1. 一：指道。得一：与道保持一致。
2. 为天下正：正，即贞、主、君、首领。
3. 废：通“发”（fèi），废弃。
4. 蹶（jué）：倒下，比喻失败或挫折。
5. 孤、寡、不穀（gǔ）：皆为君主自称的谦词，不穀：不善，不好。见42章。

6. 琭琭（lù）：华美。

7. 珞珞（luò）：坚硬。同“硌硌”，见中华书局《帛书老子校注 上》第22页乙本“硌硌若石”。

【考异】

一、《老子》通行本提到“一”的地方共计15处：

1. 10章：载营魄抱一。

2. 11章：三十辐共一毂。

3. 14章：故混而为一。（视、听、搏）

4. 22章：是以圣人抱一为天下式。

5. 25章：而人居其一焉。

6. 39章：……其致之一也。（共8处）

7. 42章：道生一，……。

8. 67章：一曰慈，……。

以上的“一”，有引申为道的，但大多仍为数目字。

二、穀、榖、毂、谷之辨

1. 穀：读gǔ，意为“善、好。”见中华书局《帛书老子校注 上》第18页。

2. 榖：读gǔ，即楮（chǔ）树，构树。其皮是制造桑皮纸和宣纸的原料。与穀无关。见漓江出版社《老子》第267页。

3. 毂：读gū，用于毂（轱）辘。
读gǔ，指轮中的圆木。见《老子》11章。此字也与穀无关。见北京联合出版公司《老子新绎》第161页。

4. 谷：（1）指山谷、峡谷。（2）其繁体字为穀。多数版本不用“谷”字。华东师范大学出版社《道德经译解》，凤凰出版社《老子注译》等个别版本采用“不谷”。

【译文】

古来得道者：天得道而清明，地得道而安宁，神得道而显灵，山谷得道而充盈，万物得道而竞生；侯王得道而天下正。

所有一切皆得益于道。天不清明，必将崩裂；地不安宁，必将毁坏；神不灵验，必将消失；山谷不充盈，必将枯竭；万物不生长，必将绝灭；侯王不安定，必将倒台。

因此，贵以贱为根本，高以下为基础。所以侯王自称孤、寡、不穀，这不是以低贱作为根本吗？不是吗？所以最高的声誉无须赞誉。不必争做华贵的美玉，宁可像那坚硬的石头。

40 去用／有生于无

【原文】

反者，道之动；
弱者，道之用。

天下万物生于“有”，
有生于“无”。

【简注】

1. 反：相反，相对。又同“返”，反复，循环。
2. 弱：柔，顺。

【译文】

循环，是道的运动方式；柔弱，是道的运用特征。天下万物生于“有”，有生于不可见的“无”。

41 同异/大器晚成

【原文】

上士闻道，勤而行之；
中士闻道，若存若亡；
下士闻道，大笑之。
不笑，不足以为道。
故建言有之：
明道若昧，进道若退，
夷道若颣。

上德若谷，大白若辱，
广德若不足，建德若偷，
质真若渝。
大方无隅，大器晚成，
大音希声，大象无形，
道隐无名。
夫唯道，善始且善成。

【简注】

1. 建言：立言，格言。
2. 颣（lèi）：不平，丝上的疙瘩；缺点，毛病。
3. 建：同“健”。
4. 偷：马虎，得过且过，苟且。
5. 渝：改变。

【考异】

1. “上德若谷，大白若辱，”见北京联合出版公司《老子新绎》，中州古籍出版社《老子》等。

2.“上德若谷，…… 大白若辱，”见中华书局《老子》，北京时代华文书局《老子》等。

3.“善始且善成”：见中华书局《帛书老子校注 上》第33页。

4.“善始且成”：见敦煌戊本。

5.“善贷且成”：世传今本多同王弼本。贷：施与，帮助。

【译文】

上士听了道，努力实行；中士听了道，半信半疑；下士听了道，哈哈大笑。不被嘲笑，就不足以成为道。

所以，立言者这样说：光明的道好像暗昧，前进的道好像后退，平坦的道好像崎岖。

崇高的德好像低谷，最洁白的好像污黑，广大的德好像不足，刚健的德好像苟且，质朴纯真好像混浊，最方正的好像无角，最贵重的器物最后制成，最洪亮的声音好像无声，最大的形象没有形体，大道隐伏而无名。

只有道，善于产生并成就万物。

42 道化／损之而益

【原文】

道生一，一生二，
二生三，三生万物。
万物负阴而抱阳，
冲气以为和。
人之所恶，唯孤、寡、不榖，
而王公以为称。
故物或损之而益，
或益之而损。
人之所教，我亦教之。
强梁者不得其死，
吾将以为教父。

【简注】

1. 冲气：指阴阳二气交互冲撞。
2. 强梁：强横，霸道。
3. 教父：即施教的根本。

【译文】

道产生了混沌元气，元气产生了阴阳二气，二气交冲产生了阴、阳、和三气，三气产生了万物。

万物背阴向阳，阴阳二气相交冲形成了和气。

人厌恶的就是孤、寡、不榖，而王公却用来称呼自己。所以一切事物，有时受损反而得益，有时得益反而受损。别人教导我的，我也用来教导他人。横行霸道的人不得好死，我要把它作为教诲的根本。

43 遍用／无为之益

【原文】

天下之至柔，
驰骋天下之至坚。
无有入无间，
吾是以知无为之有益。
不言之教，无为之益，
天下希及之。

【简注】

1. 驰骋（chěng）：奔驰，无所阻挡。
2. 无有入无间：无有之形可入无隙之中，如水滴石穿。
3. 希：同“稀”，稀少。
4. 及：至，赶上，达到，做到。

【译文】

天下最柔的东西，能驱使天下最坚硬的东西。无形的东西可以进入无间隙之中。我因此知道无为的好处。

不言的教诲，无为的好处，普天之下能够认识和做到的人屈指可数。

44 立戒／多藏厚亡

【原文】

名与身孰亲？
身与货孰多？
得与亡孰病？

甚爱必大费，多藏必厚亡。
故知足不辱，
知止不殆，可以长久。

【简注】

1. 多：贵重。
2. 病：痛苦，忧虑，有害。
3. 爱：吝惜，舍不得。
4. 费：耗费。
5. 厚：多，重大，厚重。

【考异】甚爱……

1. “甚爱必大费”：见中华书局《老子》，京华出版社《老子启示录》等。
2. “是故甚爱必大费”：见中华书局《老子道德经注校释》，人民出版社《老子新解》等。

【译文】

名望与身体相比哪一个更可亲？生命和财物相比哪一个更贵重？得到和丧失相比哪一个更痛苦？

过分吝惜必将导致更多的耗费，大肆收藏必将带来严重的损失。

因此，知足不会遭受屈辱，知止不会出现危险，这样才能保持长久。

45 洪德 / 大成若缺

【原文】

大成若缺，其用不敝。
大盈若冲，其用不穷。
大直若屈，大巧若拙，
大辩若讷。
躁胜寒，静胜热，
清静为天下正。

【简注】

1. 敝：通“弊”。参见15章注。
2. 冲：本为“盅”，空虚。参见04章。
3. 讷（nè）：说话迟钝，口吃，笨拙。
4. 躁：性急，扰动，跳动。

【考异】

一、“五大”与“六大”：

1.“大成，大盈，大直，大巧，大辩……”见人民出版社《老子新解》，国家图书馆出版社《老子》等。

2. 在“五大”后，有“大赢若绌”（绌，chù，通“黜”，罢免，革除，短缺），见中华书局《老子》。

二、躁寒静热：

1.“躁胜寒，静胜热”：见中华书局《帛书老子校注 上》《老子道德经注校释》，人民出版社《老子新解》，国家图书馆出版社《老子》，北京联合出版公司《老子新绎》，上海辞书出版社《老子鉴赏辞典》，上海古籍出版社《老子今释新译》，华东师范大学出版社《道德经译解》等。

2. “静胜躁，寒胜热”：见中华书局《老子》，漓江出版社《老子》，湖南出版社（汉英对照）《老子》。

【译文】

最完美的东西好像不足，但其作用不会停止。最充实的东西好像空虚，但其作用不会穷尽。

最正直的东西好像弯曲，最灵巧的东西好像笨拙，最雄辩的人好像口吃。

躁动可以战胜寒冷，安静可以战胜炎热，清静无为可以成为天下的准则。

46 俭欲 / 天下有道

【原文】

天下有道，却走马以粪；
天下无道，戎马生于郊。
罪莫大于可欲，
祸莫大于不知足，
咎莫大于欲得。
故知足之足，
常足矣。

【简注】

1. 却（què）：退回，赶回，放回。
2. 走马：战马。
3. 戎马：军马。

【考异】 有关“罪、祸、咎”的异同

1. 三句皆有者：见凤凰出版社《老子注译》，中州古籍出版社《老子》等。
2. 无“罪莫大于可欲”者：见中华书局《老子》《老子道德经注校释》，人民出版社《老子新解》等。
3. 有加括号“（罪莫大于可欲）”者：见北京联合出版公司《老子新绎》，湖南出版社（汉英对照）《老子》。

【译文】

天下有道，利用战马去送粪种田；天下无道，怀胎的马也要在战场中生驹。

没有什么罪过比放纵欲望更大，没有什么祸患比不知满足更大，没有什么灾难比贪得无厌更大。因此，知道满足者，永远是满足的。

47 鉴远 / 不为而成

【原文】

不出户，知天下；
不窥牖，见天道。
其出弥远，其知弥少。
是以圣人不行而知，
不见而名，
不为而成。

【简注】

1. 窥（kuī）：同“闚”，从小孔里看。
2. 牖（yǒu）：窗子。参见11章注。
3. 天道：指自然界及其发展变化的规律。
4. 弥（mí）：更加，越，愈。
5. 名：通“明”，明白，清楚。见中华书局《老子》：“不见而明”；人民出版社《老子新解》，国家图书馆出版社《老子》：“不见而名”。

【译文】

不出门户，能知天下事；不看窗外，能明了自然规律。外出越远，所知越少。

因此，圣人不出行而知情，不眼见而心明，不作为而成功。

48 忘知 / 为道日损

【原文】

为学日益，为道日损，
损之又损，以至于无为。
无为而无不为。

取天下常以无事，
及其有事，
不足以取天下。

【简注】

1. 为学日益：此处的“学”当指世俗学问一天天增加。
2. 为道日损：求道的，其“私欲”一天天减少。
3. 取：治理。
4. 无事：无妄为之事，清净，不干扰。
5. 有事：干涉，干扰人民的生活。

【译文】

研究世俗学问，知识一天天增多；修行天道的，私欲一天天减少。减少又减少，一直到无为的状态。

顺应自然不妄为，就能够无所不为。治理天下应保持清静无为的态度，如果政事繁苛（人为生事），就不能治理天下了。

49 任德／圣无常心

【原文】

圣人无常心，以百姓心为心。
善者，吾善之；
不善者，吾亦善之，德善。
信者，吾信之；
不信者，吾亦信之，德信。

圣人在天下，
歙歙焉，
为天下浑其心。
百姓皆注其耳目，
圣人皆孩之。

【简注】

1. 德善：即得善。
2. 歙歙（xī）焉：谨慎、和谐的样子。
3. 浑其心：使人心思归于浑厚、纯朴。
4. 注：专注。
5. 皆孩之：皆像孩子一样（单纯质朴）。

【考异】

1. “圣人无常心”：见中华书局《老子道德经注校释》，人民出版社《老子新解》等。
2. “圣人常无心”：见中华书局《老子》，京华出版社《老子启示录》等。
3. “圣人恒无心”：见《帛书老子校注 上》第81页。
   甲本：“圣人恒无心……”
   乙本：“（圣）人恒无心……”

【译文】

圣人永远没有私心，以百姓的心为心。

对善良的人，我善待他；对不善良的人，我也善待他，这样可使人人向善。

对守信的人，我信任他；对不守信的人，我也信任他，这样可使人人守信。

圣人在天下，总是谨慎的样子，并使百姓都变得憨厚朴实。百姓们都专注自己的所见所闻，而圣人则要使他们都回复到无知无欲的婴儿那样。

50 贵生 / 生生之厚

【原文】

出生入死。
生之徒，十有三；
死之徒，十有三；
人之生，
动之于死地，
亦十有三。
夫何故？
以其生生之厚。

盖闻善摄生者，
陆行不遇兕虎，
入军不被甲兵。
兕无所投其角，
虎无所措其爪，
兵无所容其刃。
夫何故？
以其无死地。

【简注】

1. 生（死）之徒：活着（死去）的人。
2. 生生：求生，养生。
3. 厚：指太过。
4. 摄：保养，养护。
5. 兕（sì）：雌性犀牛。兕虎：泛指野兽。
6. 被：遭受，触及。
7. 甲兵：泛指兵器。
8. 措：放置。
9. 容：容纳，此处指插入、刺入。

【译文】

出世为生，入土为死。人间长寿的占十分之三；短命的占十分之三；人活着却走向死亡之地的也占十分之三。这是什么缘故呢？因为他们求生养生太过度了。

听说善于养生的人，在陆地上行走不会遇到野兽，在战争中不会触及兵器。犀牛没有地方施展它的角，老虎没有地方利用它的爪，兵器没有地方容纳它的刃。这是什么缘故呢？因为他就没有进入死亡之地。

51 养德／尊道贵德

【原文】

道生之，德畜之，
物形之，势成之。
是以万物莫不尊道而贵德。
道之尊，德之贵，
夫莫之命而常自然。

故道生之，德畜之
长之育之，亭之毒之；
养之覆之。
生而不有，为而不恃，
长而不宰，是谓玄德。

【简注】

1. 畜（xù）：畜养，养育。
2. 势：自然界的现象或形势，环境。
3. 亭：通“成”，成其品。毒：通“熟”，成其实。
   亭毒：指成熟之意。
4. 覆：遮盖，保护。
5. 生而不有……：参见02章、10章原文。

【考异】“德畜之”其后的标点与句读（仅以中华书局为例）

1. “……、长之、育之、亭之、毒之、养之、覆之”：见中华书局《帛书老子校注 上》第100页。
2. “……：长之、育之、……”：见中华书局《老子道德经注校释》第137页。
3. “……，长之育之，亭之毒之，养之覆之。”见中华书局《老子》第127页。

【译文】

道化生万物，德养育万物，万物各有形态，环境成就万物。因此，万物没有不尊崇道、珍贵德的。道所以受尊崇，德所以被珍贵，是因为道和德没有对万物强制而是让其顺应自然。

所以，道化生万物，德养育万物，使万物成长发育，使万物结果成熟，使万物受到养护。生长万物而不占有，成长万物而不自恃，长养万物而不主宰，这才是德的最高境界。

52 归元／天下有始

【原文】

天下有始，以为天下母。
既得其母，以知其子；
既知其子，复守其母。
没身不殆。
塞其兑，闭其门，
终身不勤；
开其兑，济其事，
终身不救。
见小曰“明”，
守柔曰“强”。
用其光，
复归其明，
无遗身殃，
是为“袭常”。

【简注】

1. 母：指天道，本原。
2. 子：指万物。
3. 兑（duì）：孔穴、通道。
4. 勤：辛劳，愁苦。
5. 济：助成。
6. 见小曰“明”：能见细微叫明智。
7. 光：光芒，智慧之光。比喻优点，长处。
8. 是为／是谓；袭常／习常：均可见于不同版本。

【译文】

天地万物都有起源，这是万物的根本。既然掌握了根本，就能认识万物；既然认识了万物，就能持守其根本。终身没有危险。

堵塞漏洞，往来有度，终身不会有何愁苦；放任漏洞，往来无度，终身必然不可救药。

能看见细微的叫明，能坚守柔弱的叫强。能用智慧之光，返照内在的明，不给自己留下祸殃，这就承袭了永恒的道。

53 益证／行于大道

【原文】

使我介然有知，
行于大道，唯施是畏。
大道甚夷，而民好径。
朝甚除，
田甚芜，
仓甚虚；
服文采，
带利剑，
厌饮食，
财货有余，
是谓盗夸。
非道也哉！

【简注】

1. 介然：忽然，倏（shū）忽。
2. 施（yí）：通“迤”。邪、斜。
《辞海》对“施”列有四种音义：
（shī）：施行；给予；散布等。
（yí）：通“迤”。
（yì）：蔓延；延续。
（shǐ）：通“弛”。解脱；遗弃。
3. 夷：平坦。
4. 而民好径：而人们好走小路（斜路，捷径）。
5. 朝（cháo）：指朝廷。
6. 除：修饰，整治。
7. 厌：同“餍”。饱，足。
8. 盗夸：此指大盗、强盗头子。

【译文】

假使我忽然明白，在大道上行走，就怕走入邪路。

大道很平坦，但人们都好走捷径。宫廷很华美，田园很荒芜，仓储很空虚；而他们穿着锦绣，佩戴宝剑，饱食宴席，财物享用不尽，可以说是强盗头子。真是无道啊！

54 修观／修之于身

【原文】

善建者不拔，
善抱者不脱，
子孙以祭祀不辍。
修之于身，其德乃真；
修之于家，其德乃余；
修之于乡，其德乃长；
修之于邦，其德乃丰；
修之于天下，其德乃普。
故以身观身，
以家观家，
以乡观乡，
以邦观邦，
以天下观天下。
吾何以知天下之然哉？
以此。

【简注】

1. 辍（chuò）：停止，断绝。
2. 修：研修，修行。之：皆指“道”也。
3. 此：代指“以身观身，以家观家……”。

【译文】

善于建树的不可拔除，善于抱持的不会松脱，子孙若能以此行事，则代代祭祀不会断绝。

以道修身，其德纯真；以道齐家，其德充裕；以道理乡，其德长久；以道治国，其德丰硕；以道平天下，其德博大。

所以，要从修身、齐家、理乡、治国、平天下的角度来观察一人、一家、一乡、一国和普天下。我怎么能知道天下的情况呢？就是运用了这个道理和方法。

55 玄符／含德之厚

【原文】

含德之厚，比于赤子。
毒虫不螫，猛兽不据，
攫鸟不搏。
骨弱筋柔而握固，
未知牝牡之合而朘作，
精之至也。
终日号而不嗄，
和之至也。
知和曰常，知常曰明。
益生曰祥，心使气曰强。
物壮则老，谓之不道。
不道早已。

【简注】

1. 螫（shì）：即蜇（zhē），叮刺。
2. 据：指兽类抓捕。
3. 攫（jué）鸟：用爪子搏击的凶猛之鸟，如鹰、雕一类。
4. 牝牡（pìn mǔ）：雌雄。
5. 朘（zuī）作：男孩的生殖器勃起。
6. 嗄（shà）：嗓音嘶哑。
7. 益生：利于养生。
8. 物壮则老，谓之不道。不道早已：参见30章。

【考异】 朘之注音与异写：

1. 朘（zuī）作：见《辞海》《新华字典》《现代汉语辞典》

《康熙字典》的注音。

2. 朘（zuì）作：见中华书局《老子》的注音，国家图书馆出版社《老子》注释[7]之注音，尚不知其所据。

3. 峻，同朘（zuī）：见《说文解字》《康熙字典》等。

【译文】

德高深厚之人，好比初生之婴儿。毒虫不叮刺他，猛兽不伤害他，凶禽不搏击他。他筋骨柔弱而拳头紧握，不知道雌雄之合，而小生殖器翘起，精气充沛得很。他整天号哭，而嗓子不哑，元气纯厚得很。

知道元气叫“常”，知道常叫“明”。利于养生的叫“祥”，气急放纵的叫“强”。

事物盛壮就要衰老，就不符合道。不符合道就会提早消亡。

56 玄德/为天下贵

【原文】

知者不言，言者不知。
塞其兑，闭其门，
挫其锐，解其纷，
和其光，同其尘，
是谓“玄同”。
故不可得而亲，
不可得而疏；
不可得而利，
不可得而害；
不可得而贵，
不可得而贱；
故为天下贵。

【简注】

1. 知：指智者，聪明人。
2. “塞其兑，……”：参见52章原文。
3. “挫其锐，……”参见04章原文。
4. 玄同：指玄妙混同（道）的境界，即“抱一”，“得一”。
5. 得：指达到玄同的境界。

【译文】

智者不妄加说教，妄加说教的而非智者。堵塞漏洞，往来有度，挫去锐气，排解纠纷，调和光彩，混同尘俗，即达到了玄妙齐同的境界。

这样就不分亲疏利害贵贱，所以为天下人尊重。

57 淳化／以正治国

【原文】

以正治国，以奇用兵，
以无事取天下。
吾何以知其然哉？以此：
天下多忌讳，而民弥贫；
人多利器，国家滋昏；
人多技巧，奇物滋起；
法令滋彰，盗贼多有。
故圣人云：
我无为，而民自化；
我好静，而民自正；
我无事，而民自富；
我无欲，而民自朴。

【简注】

1. 忌讳（huì）：禁忌，指戒律禁令。
2. 滋：更加。
3. 技巧：技术巧妙。技、伎相通，见人民出版社《老子新解》。
4. 奇物：邪物、恶事。
5. 彰：严明，显著。

【考异】“故圣人云”后的句读：

1. “我无为，而民自化；我好静，而民自正……”：见中华书局《老子》，人民出版社《老子新解》，中州古籍出版社《老子》，湖南出版社（汉英对照）《老子》，上海辞书出版社《老子鉴赏辞典》等。

2. “我无为而民自化，我好静而民自正……”：见中华书局《老子道德经注校释》，《帛书老子校注 上》，国家图书馆出版社《老子》等。

【译文】

以正道治国，以奇谋用兵，以安民的原则管理天下。我为什么知道是这样呢？根据在于：天下多禁忌，百姓就越贫穷；民间多利器，国家就越混乱；人们多技巧，奇事就越发生；政令越繁杂，盗贼就越猖獗。

所以，圣人说：“我无为，百姓自我教化；我好静，百姓自然端正；我无事，百姓自己富足；我无欲，百姓自然质朴。”

58 顺化 / 祸兮福倚

【原文】

其政闷闷，其民淳淳；
其政察察，其民缺缺。
祸兮，福之所倚；
福兮，祸之所伏。
孰知其极？其无正也。
正复为奇，善复为妖。
人之迷也，其日固久矣。
是以圣人方而不割，
廉而不刿，直而不肆，
光而不耀。

【简注】

1. 闷闷，察察：参见20章："俗人察察，我独闷闷。"
2. 缺缺：欠缺；败坏；不足；狡诈。
3. 倚：依傍，依靠。
4. 伏：隐藏，潜伏。
5. 极：尽头，终极。
6. 正：标准，定则。
7. 刿（guì）：砍伤，割断。

【译文】

政治宽宏，百姓就纯厚。政治严酷，百姓就刁滑。

灾祸，是幸福依傍的地方；幸福，是灾祸潜伏的地方。谁知它们终极的结果呢？这并没有一个准则。正又变为邪，善又变为恶。人们的迷惑，早已年深日久了。

因此，圣人的言行端正而不害人，性格刚强而不伤人，坦荡直率而不放肆，光鲜照人而不炫耀。

59 守道／长生久视

【原文】

治人事天，莫若啬。
夫唯啬，是谓早服。
早服，谓之重积德；
重积德，则无不克；
无不克，则莫知其极；
莫知其极，可以有国；
有国之母，可以长久。
是谓深根固柢，
长生久视之道。

【简注】

1. 治人事天：治理百姓（国家），敬事天地（自然）。
2. 啬（sè）：吝惜，节俭。
3. 服：从事，做。
4. 柢（dǐ）：根底；树根。
5. 久视：长久存在。

【译文】

治理人事，敬奉天道，没有比吝惜更好的办法。

也只有吝惜，才能趁早服从道。趁早服从道，就要多多积德；多多积德，就战无不胜；战无不胜，就无法估计他的实力；无法估计他的实力，就可以拥有国家；掌握了国家的根本大道，就可以长治久安。这就是根深柢固、长生不衰的道理。

60 居位／两不相伤

【原文】

治大国，若烹小鲜。
以道莅天下，其鬼不神。
非其鬼不神，
其神不伤人；
非其神不伤人，
圣人亦不伤人。
夫两不相伤，
故德交归焉。

【简注】

1. 烹：煎，煮。
2. 莅：临；统治。
3. 神：神灵，神力。
4. 不伤人：指不惊扰百姓。
5. 两不相伤：两，指圣人和鬼怪。
6. 德交归焉：功德恩泽皆归向百姓。

【译文】

治理大国，如同煎小鱼（不要多次翻动）。

用道治理天下，鬼怪起不了作用。不仅鬼怪起不了作用，神灵也不伤人。不仅神灵不伤人，圣人也不会伤人。这样，由于鬼怪和圣人都不伤人，因此，其功德恩泽全归向了百姓。

61 谦德／大者宜下

【原文】

大国者下流，
天下之牝，
天下之交。
牝常以静胜牡，
以静为下。
故大国以下小国，
则取小国；
小国以下大国，
则取大国。
故或下以取，或下而取。
大国不过欲兼畜人，
小国不过欲入事人。
夫两者各得其所欲，
大者宜为下。

【简注】

1. 下：退让，谦下。下流：下游，下位。
2. 交：交往，结交。
3. 取：通“聚”。以取：以聚人。而取：聚于人。
4. 兼畜（xù）：聚养，一起照顾。
5. 入事人：奉侍他人，为……服务。

【考异】

一、语序：

1. “大国者下流，天下之牝，天下之交（也）”：见中华书局《老子》，上海辞书出版社《老子鉴赏辞典》，湖南出版社（汉英对照）《老子》等。

2.“大国者下流，天下之交，天下之牝”：见中华书局《老子道德经注校释》，国家图书馆出版社《老子》。

二、国、邦：

1.“故大国以下小国”：见中华书局《老子道德经注校释》，人民出版社《老子新解》等。

2.“故大邦以下小邦”：见中华书局《老子》，上海辞书出版社《老子鉴赏辞典》。

【译文】

大国应像江河一样处于下游，居于天下雌柔的位置，那是天下万方交汇的地方。雌柔经常以静定战胜雄强，正是因为静定处于下方的缘故。

因此，大国以谦下的态度对待小国，就能取得小国的信赖；小国对待大国谦下，即可取得大国的宽容。所以，大国谦下可以统辖小国，小国谦下可以依靠大国。大国不过是想聚养众人（小国），小国不过是想入事他人（大国），这样，双方都满足了自己的愿望。大国更应该具有谦下的态度。

62 为道 / 为天下贵

【原文】

道者，万物之奥。
善人之宝，
不善人之所保。
美言可以市尊，
美行可以加人。
人之不善，何弃之有？
故立天子，置三公，
虽有共璧以先驷马，
不如坐进此道。
古之所以贵此道者何？
不曰：
求以得，有罪以免邪？
故为天下贵。

【简注】

1. 奥：主，根本。
2. 市：求，买，交易，换取。市尊：博取尊敬。
3. 加人：加重于人。居于别人之上。
4. 三公：指太师、太傅、太保，是古代最高级的官。
5. 共（gǒng）：系“拱”的本字。共璧：拱璧，大璧。
6. 坐进：安坐而进言。

【考异】 美言……，美行…… / 美言……，尊行……

1. “美言可以市尊，美行可以加人”：见中华书局《老子》，人民出版社《老子新解》等。

2.“美言可以市，尊行可以加人”：见中华书局《老子道德经注校释》，国家图书馆出版社《老子》等。

3.“美言可以市，尊行可以贺（加）人”：见中华书局《帛书 老子校注 上》。

【译文】

道是万物的主宰，它是善良人的法宝，不善良人的护符。

美好的言论可以博得人们的尊重，美好的行为可以受到人们的重视。即使不善的人，又怎能把“道”抛弃呢？所以，树立天下，设置重臣，虽有拱璧在先，驷马车居后的礼仪，还不如静坐论“道”为好。古代为什么都重视此道呢？不就是说：有求必有所得，有罪就可以免除吗？所以，“道”被天下人珍重。

63 恩始/终不为大

【原文】

为无为，事无事，味无味。
大小多少，报怨以德。
图难于其易，为大于其细。
天下难事，必作于易；
天下大事，必作于细。
是以圣人终不为大，
故能成其大。
夫轻诺必寡信，
多易必多难。
是以圣人犹难之，
故终无难矣。

【简注】

1. 为：奉行。无为：不干涉。“为无为”：见03章。
2. 事：从事。无事：不折腾。“无事”：见48章。
3. 味：品尝。无味：淡而无味。“无味”：见35章。
4. 大小多少：大始于小，多起于少。
5. 图：谋取，对付。
6. 作：开始，兴起。
7. 犹：都，均，还。

【考异】“报怨以德”之辨：

1. “大小多少，报怨以德”：见人民出版社《老子新解》，国家图书馆出版社《老子》等。

2.“大小多少。（报怨以德）”：见华书局《老子》，认为“抱怨以德”应在第79章“必有余怨”之后，此处为错简重出，与上下文无关，当删。

【译文】

致力于无为，从事于无事，品淡于无味。

大生于小，多源于少，对怨恨报以恩德。克服困难当从容易处入手，处理大事当从细微处做起；天下的难事，必须从容易的地方做起；天下的大事，必须从细小的地方做起。因此，圣人从不自以为大，所以能够成就他的伟大。

轻易允诺必然少有诚信，把事情看得太容易必将困难重重。所以，圣人遇事都重视困难，其最终就没有困难。

64 守微／无为无执

【原文】

其安易持，其未兆易谋；
其脆易泮，其微易散。
为之于未有，
治之于未乱。
合抱之木，生于毫末；
九层之台，起于累土；
千里之行，始于足下。
为者败之，执者失之。
是以圣人无为，故无败；
无执，故无失。
民之从事，
常于几成而败之。
慎终如始，则无败事。
是以圣人欲不欲，
不贵难得之货；
学不学，
复众人之所过。
以辅万物之自然，
而不敢为。

【简注】

1. 泮（pàn）：分开，消解，散。
2. 累土：一筐土，堆积土。累，通“蔂、虆”，装土的筐子。见《帛书老子校注 上》第193页乙本和注解。
3. 为者败之，执者失之：见29章。
4. 几（jī）成：接近成功。
5. 复：挽回，纠正，补救。

【译文】

哪里形势稳定，就容易把握；哪里事故尚无征兆，就容易谋划；哪里力量脆弱，就容易分解；哪里问题细微，就容易消散。应在事情尚未出现时加以防范，应在混乱尚未发生时予以防治。

合抱的大树，是由细嫩的幼芽长成的；九层的高台，是由一筐筐泥土堆起的；千里的远行，是由脚下一步步走出来的。

勉强从事反招失败，执意把持反会失去。因此，圣人不妄为，所以不会有失败；不把持，所以不会失去。

人们办事，常常在即将成功时失败了。如果做事情最终能像开始一样谨慎，就不会有失败的事。

因此，圣人追求的“欲”为无欲境界，不稀罕难得之财物；圣人心中的“学”为无忧之学，以挽回众人之过错。辅助万物自然发展而不轻举妄为。

65 淳德/善为道者

【原文】

古之善为道者
非以明民，将以愚之。
民之难治，以其智多。
故以智治国，国之贼；
不以智治国，国之福。
知此两者，亦楷式。
常知楷式，是谓“玄德”。
玄德深矣，远矣，
与物反矣，
然后乃至大顺。

【简注】

1. 明民：让百姓聪明。
2. 愚之：使民淳厚质朴。
3. 贼：害，祸害。
4. 楷式：有的版本为稽式。即法式、法则。
5. 与物反矣：即跟物一起返归纯朴。反：同“返”，回归。

【考异】

一、 智多/多智/智也：

1. 智多：见中华书局《老子道德经注校释》，人民出版社《老子新解》等。
2. 多智：见中华书局《老子》。
3. 智也：见凤凰出版社《老子注译》。

二、亦楷式 / 亦稽式 / 变稽式也：

1. 亦楷式：见河上本，敦煌庚本，任法融著《道德经释义》等。
2. 亦稽式：见中华书局《老子》，人民出版社《老子新解》等。
3. 变稽式也：见漓江出版社《老子》。

【译文】

古代善于行道的人，并不是让百姓聪明精巧，而是教导百姓质朴淳厚。

百姓难以治理，是因为他们巧智太多。因此，用巧智治理国家，就是国家的灾祸；不用巧智治理国家，就是国家的幸福。

知此两者的差别，也就是法则。经常认识这个法则，就是“玄德”。玄德至深、至远，并与万物一起返回本原，就能完全顺应大自然的规律。

66 后己 / 为百谷王

【原文】

江海之所以能为百谷王者，
以其善下之，
故能为百谷王。
是以圣人欲上民，
必以言下之；
欲先民，必以身后之。
是以圣人处上而民不重，
处前而民不害，
是以天下乐推而不厌。
以其不争，
故天下莫能与之争。

【简注】

1. 百谷王：百川之首领，江河汇聚之地。
2. 下之：处于其下。
3. 欲上民：要想处于百姓之上，即统治人民。
4. 欲先民：要想处于百姓之前，即领导百姓。
5. 不厌：不厌恶。乐于。

【译文】

江海之所以能成为百川汇流的地方，是因为它善于处在低下的位置，所以成为百川的首领。

因此，圣人要统治百姓，必须用言词对百姓表示谦下；要领导百姓，必须把自身放在百姓之后。所以，圣人虽处于百姓之上，而百姓并不感到沉重；处于百姓之前，而百姓不感到危害。因此，天下百姓乐于拥戴而不厌恶。由于他不争，所以天下没有谁能与他争。

67 三宝／我有三宝

【原文】

天下皆谓我道大，
似不肖。
夫唯大，故似不肖。
若肖，久矣其细也夫！
我有三宝，持而保之：
一曰慈，二曰俭，
三曰不敢为天下先。
慈，故能勇；
俭，故能广；
不敢为天下先，
故能成器长。
今舍慈且勇，
舍俭且广，
舍后且先，死矣！
夫慈，以战则胜，
以守则固。
天将救之，
以慈卫之。

【简注】

1. 似不肖：似乎什么也不像。
2. 细：细小，渺小，微不足道。
3. 慈：慈爱，宽厚。
4. 俭：节约，俭省。
5. 不敢为天下先：不敢为天下的先导（第一）。亦即不争也。见66章：“欲先民，必以身后之。”
6. 器长：万物之长。器：物。此处主要指人。
7. 且：而。

【译文】

天下人都说我道大，似乎什么又都不像。正因为它博大，所以什么也不像。如果像了，很早就细微渺小了。

我有三件宝，始终保持着。一是慈爱；二是俭约；三是不敢为天下先。因慈爱而能勇敢；因俭约而能宽广；因不敢处于天下先而能成为万物之长。

如果舍弃慈爱而求勇敢，舍弃俭约而求宽广，舍弃退让而求争先，就是死路一条。

慈爱用于作战就能胜利，用来守卫就能稳固。天要拯救谁，就用慈爱保护谁。

68 配天／不争之德

【原文】

善为士者不武，
善战者不怒，
善胜敌者不与，
善用人者为之下。

是谓不争之德，
是谓用人之力，
是谓配天，
古之极。

【简注】

1. 士：古代文人、武人皆称士。这里指将士、统帅。
2. 不武：不炫耀武力。
3. 不与：不互斗，不交战，不争。
4. 配天：符合天道。
5. 极：最高准则，最高原则。

【译文】

善于带兵的人，不炫耀武力；善于作战者，不轻易发怒；善于胜敌者，不靠厮杀；善于用人者，对人谦下。这就是与人无争的品德，这就是善于用人的能力，这就是符合天道自古就有的法则。

69 玄用／哀者胜矣

【原文】

用兵有言：
吾不敢为主而为客，
不敢进寸而退尺。
是谓行无行，攘无臂，
扔无敌，执无兵。
祸莫大于轻敌，
轻敌几丧吾宝。
故抗兵相若，哀者胜矣。

【简注】

1. 主、客：指主攻一方和防守一方。
2. 行无行（háng）：行进中却没有行列阵势。
3. 攘无臂：奋起却没有挥臂。参见38章注。
4. 扔无敌：交手却没有敌人。
5. 执无兵：执握却没有兵器。
6. 吾宝：即67章所言之“三宝”。
7. 抗兵相若：双方（两军）力量相当。

【译文】

用兵的人说，我不敢主动进攻而被动防御；不敢前进一步而宁肯后退一尺。这就是说，行军却没有行阵，奋起却没有挥臂，交手却没有敌人，执握却没有兵器。

祸莫大于轻敌，轻敌几乎丧失我的三件宝贝。所以，对阵双方兵力相当的时候，一定是哀方将获取胜利。

70 知难／被褐怀玉

【原文】

吾言甚易知，甚易行。
天下莫能知，莫能行。
言有宗，事有君。
夫唯无知，是以不我知。
知我者希，则我贵矣。
是以圣人被褐而怀玉。

【简注】

1. 宗：根本，根据。
2. 君：主，主旨。宗、君：多互文见义，皆指“道”而言。
3. 不我知：不知我。
4. 则我贵矣：效法我者难能可贵。则：取法、效法。
5. 被褐（pī hè）：穿着粗布衣。被：通“披”。
6. 怀玉：胸怀美玉。玉，指道家的思想主张。

【考异】

1. 则我贵矣：见中华书局《帛书老子校注 上》甲、乙本。
2. 则我者贵：见中华书局《老子》。
3. 则我贵也：见上海古籍出版社《老子今释新译》。

【译文】

我的话很容易理解，很容易实行。但是天下人却没有谁能理解，没有谁能实行。

我说话有根据，我做事有主旨。由于人们不了解这些，因此对我也就不了解。

了解我的人很少，效法我的人更是难能可贵。可以说，圣人是外穿布衣而内怀美玉。

71 知病／知不知上

【原文】

知不知，上；
不知知，病。
夫唯病病，是以不病。

圣人不病，
以其病病。
是以不病。

【简注】

1. 上：通“尚”，至上，最好，很好。
2. 病：患，祸患。
3. 病病：动词+名词（动宾结构），“把病当作病”，“知道这祸患就是祸患”。

【考异】“知不知”的不同表述

1. “知不知，上；不知知，病。……”：共28字。见中华书局《老子道德经注校释》，国家图书馆出版社《老子》。
2. “知不知，尚矣；不知知，病也。圣人不病，以其病病。夫唯病病，是以不病。”：计26字。见中华书局《老子》，漓江出版社《老子》等。
3. “知不知，上也；不知知，病也。是以圣人之不病，以其病病，是以不病。”：共25字。见上海古籍出版社《老子今释新译》。

4. “知不知，上；不知不知，病。[夫唯病病，是以不病。]圣人不病，以其病病，是以不病。”：共29字。见凤凰出版社《老子注译》第158页，其注①称：帛书甲本作“不知不知”（多一个不字，系抄写之误）；乙本为“不知知”。

【译文】

知道却自认为不知道，是明智；不知道却装知道，就是毛病。知道毛病是毛病，就会没毛病。圣人之所以没有毛病，正是由于他把毛病当作毛病，因此，他就没有毛病。

72 爱己/民不畏威

【原文】

民不畏威，则大威至。
无狎其所居，
无厌其所生。
夫唯不厌，是以不厌。

是以圣人自知不自见，
自爱不自贵。
故去彼取此。

【简注】

1. 威：力，暴力，威胁，恐怖。大威：指大的祸乱。
2. 狎（xiá）：通“狭”，狭窄，逼迫。
3. 无厌（yā）其所生/夫唯不厌（yā）：厌，通“压”，压榨，压制。
4. 是以不厌（yàn）：不厌弃，不厌恶。
5. 不自见：见，同“现”。不自我表现。参见22章。

【译文】

一旦百姓不怕暴力，那么，更大的暴力就会到来。

不要逼迫百姓的住所，不要压榨百姓的生活。只有不压榨百姓，百姓就不会厌恶他。

因此，圣人知道而不自我表现，但求自爱而不自居高贵。所以要抛弃后者——自见、自贵，而取前者——自知、自爱。

73 任为/不召自来

【原文】

勇于敢则杀，
勇于不敢则活。
此两者，或利或害。
天之所恶，孰知其故？
天之道，不争而善胜，
不言而善应，不召而自来，
繟然而善谋。
天网恢恢，疏而不失。

【简注】

1. 敢：进取，勇敢，逞强。
2. 杀：死；残败。
3. 繟（chǎn）：舒缓，宽绰，从容。
4. 恢恢：广大，宽大。

【考异】

1. "天之所恶，孰知其故？"：见京华出版社《老子启示录》。
2. "天之所恶，孰知其故？是以圣人犹难之。"：国家图书馆出版社《老子》注［6］称："是以……"句已见于第六十三章。此句在帛书乙本、汉简本、敦煌甲本皆无。
3. "天之所恶，孰知其故？（是以圣人犹难之。）"：见中华书局《老子》注②：此句为《六十三章》错简重出，当删。

【译文】

勇于逞强就会死，勇于谦让就会活。这两者，一个利，一个害。天道所厌恶的，有谁知其缘故？

自然的规律是，不争斗而善于取胜；不言语而善于应对；不召唤而自动到来，坦荡荡而善于谋划。

天网大无边，虽疏而不漏！

74 制惑／民不畏死

【原文】

民不畏死，
奈何以死惧之？
若使民常畏死，
而为奇者，
吾得执而杀之，孰敢？
常有司杀者杀。
夫代司杀者杀，
是谓代大匠斫，
夫代大匠斫者，
希有不伤其手矣。

【简注】

1. 惧：恐吓，威胁。
2. 奇：正之反面，邪恶，行为不端。
3. 执：逮捕。
4. 司杀者：负责行刑者，也指天道，自然。司：主管。
5. 斫（zhuó）：通“斲”，即砍，削，劈，伐。

【译文】

百姓不怕死，怎么可以用死来吓唬他们呢？如果让百姓经常怕死，对那些为非作歹的，我就可以抓来杀掉，谁还敢作恶？

本来有专管行刑的去杀人。如果让代替司杀者的人去杀人，就如同代替木匠去砍削的人，很少有不砍伤自己手的啊！

75 贪损／贤于贵生

【原文】

民之饥，
以其上食税之多，
是以饥。
民之难治，
以其上之有为，
是以难治。

民之轻死，
以其上求生之厚，
是以轻死。
夫唯无以生为者，
是贤于贵生。

【简注】

1. 食税：收税。
2. 有为：多为，无为的反面。10章、57章、63章都提到了“无提到了“无为”。
3. 轻死：不怕死，以死为轻。
4. 求生之厚：养生丰厚，奉养奢华。
5. 无以生为者：指不厚生、不贵生的人，亦即生活淡泊清净的人。
6. 贤于贵生：比丰厚养生高明。贤：胜过，超过。贵生：过分看重生命。

【译文】

百姓的饥荒，是因为在上者侵吞赋税太多，所以造成饥荒。

百姓难于治理，是因为在上者胡作非为，所以难以治理。

百姓不怕死，是因为在上者贪婪厚养，所以冒死反抗。

唯有恬淡无欲的人，要比奢侈厚养的人可贵。

76 戒强/柔弱处上

【原文】

人之生也柔弱，
其死也坚强。
草木之生也柔脆，
其死也枯槁。
故坚强者死之徒，
柔弱者生之徒。
是以兵强则灭，
木强则折。
强大处下，
柔弱处上。

【简注】

1. 枯槁（gǎo）：枯萎。
2. 徒：类别。通“途”。与50章“生之徒，十有三；死之徒，十有三”用法一样。
3. 折：折断，死。
4. 处下：居低位。
5. 处上：居高位。

【考异】 灭/不胜，折/亙/兵：

1. “是以兵强则灭，木强则折”：见中华书局《老子》，人民出版社《老子新解》，上海辞书出版社《老子鉴赏辞典》等。
2. “是以兵强则不胜，木强则折”：见国家图书馆出版社《老子》。
3. “是以兵强则不胜，木强则亙（gèn）。”亙：终了，结束，此谓被伐取。见上海古籍出版社《老子今释新译》。

4.“是以兵强则不胜，木强则兵”：前一个兵字指军队，后一个兵字，系被动用法，意为被砍折。见凤凰出版社《老子注译》。

5.折（shé）：见人民出版社《老子新解》之注④。

【译文】

人活着身体柔软，死后身体僵硬。草木生长时柔脆，死后变得干硬。因此，坚强的东西属于死亡一类，柔弱属于生存一类。

所以，军队逞强就会破灭，树木强壮就会折断。强大者处于下位，柔弱者居于上位。

77 天道／为而不恃

【原文】

天之道，其犹张弓欤？
高者抑之，下者举之；
有余者损之，不足者补之。
天之道，损有余而补不足；
人之道则不然，
损不足以奉有余。
孰能有余以奉天下？
唯有道者。
是以圣人为而不恃，
功成而不处，
其不欲见贤。

【简注】

1. 欤：通“与”。语助词，意同“啊”。
2. 损：减少。
3. 人之道：社会的法则。

【译文】

自然的规律，不是很像张开的弓吗？弦位高了就压低些，低了就抬高些；用力大了就减少些，用力欠了就补足它。

自然的规律是：减少多余的，弥补不足的。人世的规律则相反：损害不足的而供养有余的。谁能够拿出有余的来供养天下的不足呢？只有得道的人。因此，圣人培养万物不图报，大功告成不自居，而且无意彰显其能。

78 任信／受国之垢

【原文】

天下莫柔弱于水，
而攻坚强者莫之能胜，
以其无以易之。
弱之胜强，柔之胜刚，
天下莫不知，莫能行。
是以圣人云：
“受国之垢，
是谓社稷主；
受国不祥，
是为天下王。”
正言若反。

【简注】

1. 莫：没有。
2. 而：但是。
3. 易：取代，换。
4. 垢(gòu)：耻辱、屈辱。
5. 社稷（jì）：土神和谷神，这里指国家。
6. 受国不祥：承受国家的灾难。
7. 正言若反：正话却像反话。

【译文】

天下没有比水更柔弱的了，而冲击坚硬的东西却没有胜过水的，因为它是无可取代的。

弱能胜强，柔能克刚，天下无人不知，却无人能实行。

所以圣人说：“承受国家的耻辱，才能称为国家的君主；承受国家的灾难，才能称为天下的君王。”正面的话却像反话一样。

79 任契／常与善人

【原文】

和大怨，必有余怨，
安可以为善？
是以圣人执左契，
而不责于人。
有德司契，
无德司彻。
天道无亲，
常与善人。

【简注】

1. 和大怨：调和巨大的怨恨。
2. 左契（qì）：债权人所执之合同。（负债人持右半边）
3. 责：讨债，索取。
4. 司契：主管券契（合同）。
5. 司彻：主管税收。
6. 无亲：没有私亲。
7. 与：给与，帮助。

【译文】

调和重大的怨恨，必定还有余留的怨恨，这怎么能算做了好事呢？因此，圣人虽持有借据，而不向负债人讨债。有德的人主管券契（合同），无德的人主管税收。

自然规律是没有偏心的，经常帮助善良的人。

80 独立／小国寡民

【原文】

小国寡民，
使有什伯之器而不用，
使民重死而不远徙。
虽有舟舆，无所乘之；
虽有甲兵，无所陈之。
使民复结绳而用之。
甘其食，美其服，
安其居，乐其俗。
邻国相望，鸡犬之声相闻，
民至老死，不相往来。

【简注】

1. 什伯（bǎi）：伯通“佰”，泛指众多。
2. 重死：以死为重，怕死。与75章的“轻死”相对。
3. 徙（xǐ）：搬迁，迁移。
4. 无所乘之：没有乘坐远行的必要。
5. 无所陈之：陈，通“阵”。没有列阵示威的必要。
6. 结绳：古代的记事方式。

【考异】不远徙／远徙；陈的注音

1. 不远徙：见于[魏]王弼及其后的版本。
2. 远徙：见中华书局《帛书老子校注 上》第213页。

3. 陈（chén）：见中州古籍出版社《老子》，人民出版社《老子新解》，岳麓出版社《老子》。

4. 陈（zhèn）：指“列阵”。见国家图书馆出版社《老子》注[5]。

5. 陈：漓江出版社《老子》注⑦，陈，陈列。一说同阵，做动词用，意思是摆列阵势。

【译文】

国小民寡，即使有各种各样的器具却不使用，让百姓重视死亡而不向远处迁徙。虽有车船，却没有乘坐远行的必要；虽有铠甲兵器，却没有列阵示威的必要。让百姓回复到结绳记事的状态。

有香甜的食物，美丽的衣服，舒适的居所，欢乐的习俗。邻国之间相互看得见，鸡犬之声彼此听得到，而百姓至死都互不往来。

81 显质 / 为而不争

【原文】

信言不美，美言不信。
善者不辩，辩者不善。
知者不博，博者不知。
圣人不积，既以为人，
己愈有；
既以与人
己愈多。
天之道，利而不害；
人之道，为而不争。

【简注】

1. 信言：真话，实话。
2. 美言：华丽的言词。
3. 知者：有真知的人。
4. 博者：广博之人。
5. 不积：不积累财物。
6. 既：尽，全部。

【考异】人/圣人

1. “人之道，为而不争”：见上海辞书出版社《老子》，上海古籍出版社《老子今释新译》，湖南出版社（汉英对照）《老子》等。
2. “圣人之道，为而不争”：见中华书局《老子》，人民出版社

《老子新解》，漓江出版社《老子》。

3. “人之道，为而弗争”：见《帛书老子校注 上》第224页乙本。

【译文】

真实的话未必悦耳，漂亮的话未必可信。善良的人不善辩，善辩的人不善良。有真知的人未必广博，广博的人未必真知。

圣人不积藏财物，竭力帮助别人，自己反而更富有；竭力给与别人，自己反而更充实。

自然的法则，是利物而不害物；常人的法则，是助人而不争夺。

附录

1.不同版本概况表

版本名称	注释书者	字数	重文字数
湖北荆门郭店《楚简》		2000+	
长沙马王堆《帛书》甲	（汉墓，1973年出土）	5344	
长沙马王堆《帛书》乙	（汉墓，1973年出土）	5342	124
《道德经章句》	（西汉）河上公	5201	94
《老子道德经译注》	（三国·魏）王弼	5162	106
《道德经古本》	（唐初）傅奕	5450	106
《老子道德经》	邵玉铮释读	5300	未统计
《老子道德经》	邵玉铮隶书	5300	未统计

2.老子用字见分晓

中文实在挺奥秘　行文推敲贵三思

经文号称五千言　全文用字好惊奇

全文字数	实际用字数	只用过一次的字数	用达百次以上的字数
5300	790	311 如：奥比财达发攻里年平……	7 不而其为无以之

3.道字出现次数多

章次	数量	章次	数量	章次	数量
1	3	31	1	53	3
4	1	32	2	55	2
8	1	34	1	59	1
9	1	35	1	60	1
14	2	37	1	62	3
15	2	38	2	65	1
16	2	40	2	67	1
18	1	41	9	73	1
21	2	42	1	77	4
23	4	46	2	79	1
24	2	47	1	81	2
25	4	48	1	共37	计76
30	3	51	4		

4.德善随后相对少

章次	数量
10	1
21	1
23	4
28	3
38	10
41	3
49	2
51	5
54	5
55	1
59	2
60	1
63	1
65	2
68	1
79	2
共 16	计 44

章次	数量
2	3
8	9
15	1
27	11
30	1
41	2
49	5
50	1
54	2
58	1
62	3
65	1
66	1
68	4
73	3
79	2
81	2
共 17	计 52

5.不字用得很普遍

不字双百老子拈　正反强弱老子辨

有无相生老子论　由不知是老子诠

章次	字数	章次	字数	章次	字数	章次	字数
2	5	23	5	43	1	64	4
3	8	24	6	44	2	65	1
4	2	25	3	45	2	66	4
5	4	26	1	46	1	67	4
6	2	27	7	47	5	68	4
7	1	28	3	48	2	69	2
8	2	29	3	49	2	70	1
9	2	30	5	50	2	71	5
10	3	31	6	51	4	72	5
12	1	32	1	52	3	73	5
14	9	33	2	54	3	74	2
15	4	34	5	55	6	77	7
16	2	35	4	56	8	78	2
17	2	36	2	58	4	79	1
18	1	37	3	59	2	80	3
19	1	38	4	60	6	81	9
20	2	39	2	61	2		
21	1	41	3	62	4	以上合计	
22	5	42	2	63	1	73	243

6.天地有无跟着跑

老子全文字五千　大道智慧得一健

天地人物有或无　知常曰明可行远

字	章　次	章数	数量
天	1 2 5 7 9 10 23 25 29 30 32 37 39 40 43 45 46 47 48 49 52 54 56 57 61 63 66 67 70 73 77 78 79 81	34	92
地	1 5 7 23 25 32 39 50	8	18
人	2 3 5 8 12 20 22 23 25 27 28 29 30 31 33 36 47 49 50 57 58 59 60 61 62 64 66 68 70 72 77 78 79 81	34	86
物	1 2 4 16 21 24 25 27 29 31 32 34 39 40 42 51 57 62 65	19	36
有	1 2 11 13 17 18 20 21 22 23 25 30 32 33 38 40 41 43 46 48 50 51 52 53 59 64 67 70 74 77 79 80 81	33	82
无	1 2 3 10 11 13 14 19 20 27 28 32 34 35 37 38 39 40 41 43 46 48 50 52 57 58 59 63 64 69 70 72 78 79 80	35	100

7.同字音义当分辨

章次	示例		章次
2	斯**恶**已	处众人之所**恶**	8
2	**长**短相形	**长**而不宰	10
2	**为**而不恃	**为**吾有身	13
2	音声相**和**	**和**其光	4
5	虚而不**屈**	大直若**屈**	45
5	多言**数**穷	善**数**，不用筹策	27
8	故**几**于道	相去**几**何	20
9	自**遗**其咎	无**遗**身殃	52
11	三十辐**共**一毂	虽有**共**璧以先驷马	62
14	视而不**见**	**见**素抱朴	19
14	**绳绳**兮不可名	无**绳**约而不可解	27
15	故**强**为之容	或**强**或羸	29
23	**乐**得之	**乐**与饵	35
23	故飘风不终**朝**	**朝**甚除	53
24	跨者不**行**	行无**行**	69
26	万**乘**之主	无所**乘**之	80
50	入军不**被**甲兵	是以圣人**被**褐而怀玉	70
72	无**厌**其所生 / 夫唯不**厌**	是以不**厌**	72

8.老子名言索引标（括号内表示章次）

9.参考书目看摘记

序号	书　名	注释者	出版单位及时间
01	老子道德经注校释	王弼注楼宇烈校	中华书局 2008年版 2019年重印
02	老子	饶尚宽译注	中华书局2016年版
03	老子新解	张松辉注译	人民出版社 2019年版
04	老子新绎	吴宏一著	北京联合出版公司 2018年版
05	老子启示录	麦涛译注	京华出版社 2009年版
06	老子注译	张玉春等译注	凤凰出版社 2017年版
07	老子（章次新编）	吴根友导读注译	岳麓书社 2018年版
08	老子	史靖妍主编	漓江出版社 2017年版
09	道德经译注	王成竹、宋育文著	中州古籍出版社 1993年版
10	老子（注音少儿读本）	高秀昌注解	中州古籍出版社 2012年版
11	道德经	陈国庆等注译	安徽人民出版社 2001年版
12	老子（汉英对照）	陈鼓应今译	湖南出版社 1994年版
13	道德经释义	任法融著	北京白云观印赠
14	帛书老子校注（上、下）	高明撰	中华书局 2020年版
15	老子道德经（汉英对照）	辜正坤译	北京大学出版社 1995年版
16	老子	王中江解读	国家图书馆出版社 2017年版
17	老子今释新译	陈徽著	上海古籍出版社 2019年版
18	老子鉴赏辞典（新一版）	刘康德主编	上海辞书出版社 2018年版
19	道德经译解	郭吉飞、章皖著	华东师范大学出版社 2018年版
20	老子	阚荣艳译注	北京时代华文书局 2019年版
21	道德经	张三愚等	团结出版社 2018年版
22	道德经注释	（清）黄元吉撰	中华书局 2019年 第6次印刷

10.外文书目为备考

1. Stanislas Julien tr. ***Lao Tseu Tao Te King***,Paris,1842

（斯坦尼斯拉斯·朱利安译《老子道德经》，法文，巴黎出版，1842 年）

2. Victor Strau β tr. ***Laotse vom Sinn und Leben,*** Leipzig,1870

（维克多·斯特劳斯译《老子道德经》，德文，莱比锡出版，1870 年）

3. F.H.Balfour tr. ***Taoist Texts,*** London,1884

（鲍尔弗译《道书》，英文，伦敦，1884 年）

4. James Legge tr. ***Texts of Taoism,*** Oxford,1891

（里雅各译《道书》，英文，牛津，1891 年）

5. Paul Carus tr. ***Lao Tze's Tao-Teh-King,*** Chicago,1898

（保罗·卡鲁斯译《老子道德经》，英文，芝加哥，1898 年）

6. Walter Gom Old tr. ***Lao Zi,*** 1904

（老沃尔特·高尔恩译《老子》，1904 年）

7. Lionel Giles tr. ***The Saying of Lao Zi,*** London,1905

（贾尔斯译《老子言论集》，英文，伦敦，1905 年）

8. ***Richard Wilhejm tr. Laotse vom Sinn und Leben,*** 1921

（魏礼贤译《老子道德经》，德文，1921 年）

9. Arthur Waley: ***The Way and Its Power: A Study of the Tao Te Ching and Its Place i Chinese Thought,*** London,1934

（亚瑟·韦利《道和德〈道德经〉及其在中国思想中的地位研究》，英文，伦敦，1934 年）

10. Hu Zeling tr. ***Lao Tsu Tao Teh Ching,*** Chengdu,1936

（胡泽龄译《道德经》成都，1936年）

11. John C.H. Wu tr. ***The Tao and Its Virtue,*** Tien-Hsia No9-10, 1939-1940

（吴经熊译《道德经》，《天下》月刊九、十期，1939-1940 年）

12. Lin Yutang: ***The Wisdom of laotse,*** New York, 1948

（林语堂：《老子智慧》，纽约，1948 年）

13. Chu Ta-kao tr. ***Tao Te Ching,*** London,1959

（初大告译《道德经》，伦敦，1959 年）

14. Chan Wing-tsit Tr. ***The Way of Laotse,*** New York, 1963

（詹文锡译《老子之道》，纽约，1963 年）

15. Feng Jiafu and Jane English tr. ***Lao Tzu's Tao Te Ching***, Vintage Books,New

York, 1972
（冯家富，简·英格丽斯译《老子道德经》，文达杰丛书，纽约，1972 年）

16. Paul J. Lin: ***Lao Tzu's Tao Te Ching and Wang Bi's Commentary,*** Michigan University Press, 1977
（林保罗：《老子道德经及王弼注英译》，密执安大学出版社，1977 年）

17. Rhett Y. W. Young and Roger T. Ames: ***Lao Tzu Text, Notes and Comments,*** Taiwan,1977
（杨有维和罗杰·艾米斯：《老子注释和评介》，台湾，1977 年）

18. Dim Cheuk Lau tr. ***Lao Tzu: Tao Te Ching,*** Penguin Books,1978
（劳狄哲译《老子道德经》，企鹅丛书，1978 年）

19. Herrymon Maurer tr.***Tao: The Way of The Ways,*** Cambridge University Press, 1982
（亨利蒙·毛利尔译《道之道》，剑桥大学出版社，1982 年）

20. Robert G. Henricks : ***Lao Tze Te Tao Ching, A New Translation Based on the Recently Discovered Mawangtui Texts,*** Macmillan, 1989
（罗伯特·亨利克斯：《老子德道经 最新发现马王堆帛书新译》，麦克米兰公司，1989 年）

21. Gu Zhengkun tr. Lao Zi: ***The Book of Tao and The***, Peking University Press, 1995
（辜正坤译《老子道德经》，北京大学出版社，1995 年）

22. 世界学术经典（英文版）系列之一：《道德经》，上海时代教育出版研究中心研发，上海译文出版社出版，2023

附 言

2023年9月8日，中国新闻社记者崔相光发表了《〈道德经〉缘何成为外译最多的中国典籍？》，从此文中得知：美国汉学家、南开大学哲学院副教授邰谧侠（Misha Tadd）2022年在南开大学出版社出版了《〈老子〉译本总目：全球老学要览》，书中共收录了97种语言的2052个译本。

11.研学感悟根底浅

文化礼赞

文化传承可长兴，
文化自信乐长行。
文化活动一长久，
文化强国定长生！

心之所愿

老子原作无从见，
千百版本千百面。
即使帛书甲乙在，
分歧也是非一般。
研学传承各有道，
吸取精华顺其然。
本人祖籍灵宝县，
道家源头函谷关。
今出隶书伴释读，
众妙之门开两扇。
人近九秩献芹来，
惟愿尽力把薪添！

根深柢固

弘扬传统文化，
促进现代文明。
了解古典文论，
增强学用文风！

老子明白

知不知上学有缘，
知荣守辱德居先。
知雄守雌甘居下，
知白守黑得至全。
知人者智自知明，
知和曰常顺其然。
知足不辱行大道，
知止不殆少风险。
知足者富福如海，
知常曰明寿比山！

老子文采

言词简约字字通透，
音韵精美朗朗上口。
修辞排比层层推进，
辩证思维处处可求！

道家之源

珍贵遗产道德经，
传统文化神州鼎。
智慧明珠全球赞，
上善若水天下兴！

研学当先

老子版本实在多，
绝对完美绝对缺。
取其所长很必要，
努力放眼努力学！

学而知之

高以下为基，
文以字为梯。
化以理为道，
人以学为知。

辩异求是

玄之又玄道德经，
见之又见本不同。
数之又数重文见，
学之又学当用功！

多音字例一

解说老子不少家，
一字多音当消化。
见素抱朴若读jiàn，
现的意境难通达！

多音字例二

虚而不屈莫读qū，
念jué之意为穷尽。
一见倔掘崛俱在，
即知屈音乃其根！

多音字例三

专气致柔本为抟，
既读tuán来也念zhuān。
集聚精气帛书解，
今版流行通用专！

多音字例四

绳字只有仨读音：
shéng也yìng也加个mǐn。
绳绳当吟mǐn mǐn兮，
何来miǎn miǎn与míng míng？

浅学之见

老子所著道德经，
原作早已无踪影！
皇帝读本啥模样，
哪位专家能说清？

楚简仅存二千字，
帛书甲乙差异明！
存世版本各抒见，
百家争鸣好学风！

所谓篡改七百多，
如水若水何不同？
万经之王世代传，
道法自然常人颂！

放眼全球不得了，
译本竟超两千种！
多学多看多比较，
明哲明理明知行！

革新有道

再版道德经，
继承出新径。
原文列两边，
排比句分明。
考异求精到，
视野可纵横。
列表一对照，
数据立马清！

点睛之要

八十一章道德经，
常见序号少见名。
今次补上龙的眼，
篇章主题顿时明！

携手共进

老子版本逾千种，
无一不是独自行。
隶书释读今并列，
众妙之门携手请！

老子译名

1842 Lao Tseu 法语见，
1870 Laotse 德文版。
1904 1905 1995 年，
Lao Zi 英译连续传！

非同小可

帛书老子校注细，
参考资料好惊奇。
石刻本列整十项，
敦煌手迹又加十。
历代刊本一十五，
更有译解百六十。
以上总计一九五，
治学精神堪仰止！

地久天长

人杰地灵大河边，
道家之源函谷关。
物华天宝紫气在，
众妙之门解其玄！

《老子》心中有数

一毂二知分明（11/02）
三宝四大笃定（67/25）
五色六亲多样（12/18）
七善八病看清（08/71）
九层十有不少（64/50）
百谷千里可行（66/64）
万物负阴抱阳（42）
终究得一最灵（39/42）

道法自然

万经之王，老子居上。
世界公认，中华之光！
道家之源，函谷流芳。
紫气常在，美名远扬！
众妙之门，进则知详。
为学悟道，修身德长！
千里之行，足下丈量。
道法自然，复命如常！

快乐分享

二十五年后，
三出道德经。
释读与隶书，
首次结伴行。
前者考异到，
后者专利成。
简报和附录，
查检一览明！

诚望指正

廿五年后再力行，
释读隶书相对应。
简注考异求实效，
一字写法忌雷同。
预告两则可早知，
附录十二供沟通。
以上创议皆短小，
是否有用待君评！

12.汉字书法国之宝

邵玉铮

1936年生于河南省灵宝县
1952年毕业于县立初级中学
1955年毕业于沈阳林校
1960年毕业于北京外国语学院
北京林业大学教授
中国科普作家协会会员(1607)
北京书法家协会会员（759）
中国书法家协会会员(6408)

一、众妙之门——汉字并非“方块字”

（一）提要

方块说因活字版，拼接起来挺方便。
方字不过千分四，国人智慧大无边。
象形指事形声现，会意转注假借全。
统计数字太少见，形态一览真壮观。

（二）论证

1. 翻阅历史文献或典籍，有谁见过“方块字”一说？
2. 请看《中华人民共和国国家通用语言文字法》(节选)：

第三条 国家推广普通话，推行规范汉字。

第十七条 本章有关规定中，有下列情况的，可以保留或使用繁体字、异体字：

（三） 书法、篆刻等艺术品；

（四） 题词和招牌的手书字；

3.《辞海》未收“方块字”这一词条。

4.《现代汉语词典》对“方块字”的释义：

指汉字，因为每个汉字一般占一个方形面积。

试问：每个汉字一般占一个方形面积，能等于每个汉字都是方的吗？

5.《汉英词典》的译文：

汉字：　（名）Chinese character

方块字：（名）Chinese character

6. 请看看丰富多彩的汉字形态：

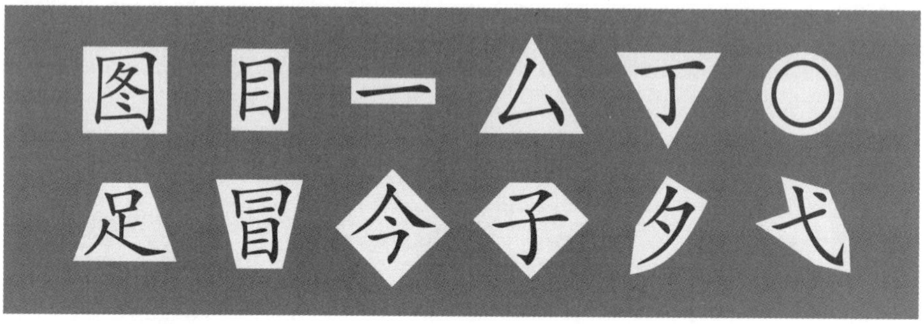

7. 再请看看“方块字”所占之百分比：

工具书名称	所收字数	纯方字数	所占百分比
康熙字典	47035	115	0.244
新华字典	11100	38	0.342
现代汉语字典	14000	43	0.307
现代汉语词典	13000	52	0.400
辞海	14872	52	0.350

8. 有关“方块字”论说之“依据”：

（1）对活字版的误解。

（2）拿在方格中的汉字与线性拼音文字做了“对比”。

（3）离开汉字形态和统计分析的随意“认定”。

9. 汉字讲六书——指事、象形（属造字法），形声、会意（属组字法），转注、假借（属用字法）。这六书岂是“方块”能概括？

10. 书法分五体——楷、行、草、隶、篆。这五体书法岂是“方块”能束缚？

二、知不知上——传统界格“二缺一”

（一）提要

习字界格田米九，只见方来圆没有。
孟子规矩行天下，筷子早就顾两头。
瓦当器物寻常见，田米加圆今相守。
外定字正内运笔，添上辅线篆隶走。

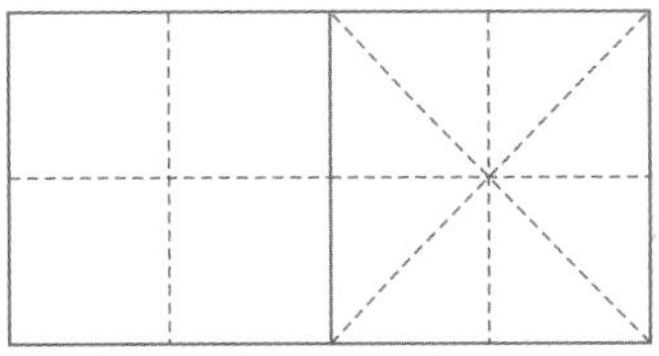

（二）充实

1. 国家外观设计专利图示（ZL 2005 3 0123648.X / ZL 03 3 02924.5）

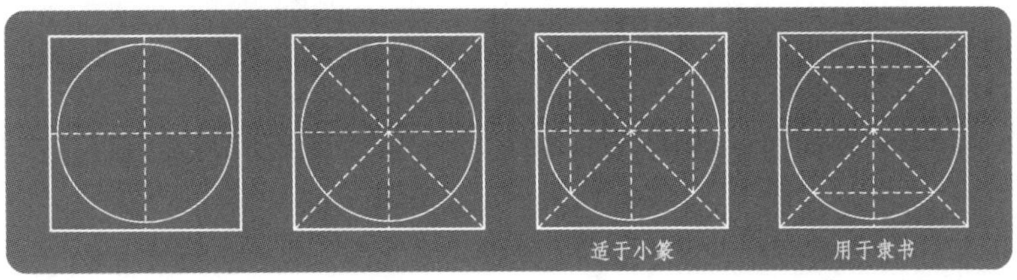

2. 方圆有道专利田格本（适于硬笔书法）：

3. 方圆有道五体通用米格垫：

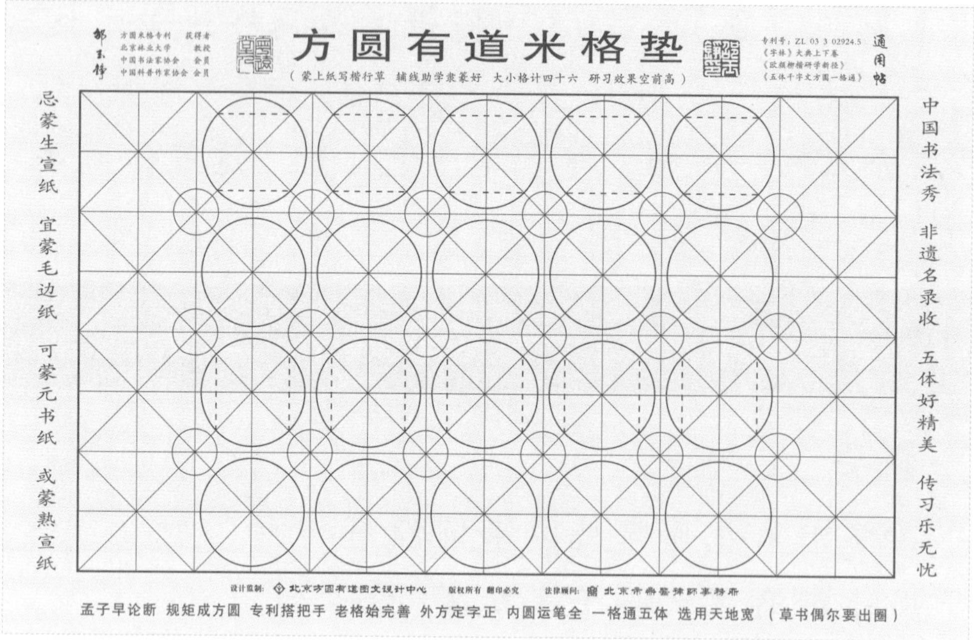

4. 本人编著的与专利有关的部分出版物：

2012

2017

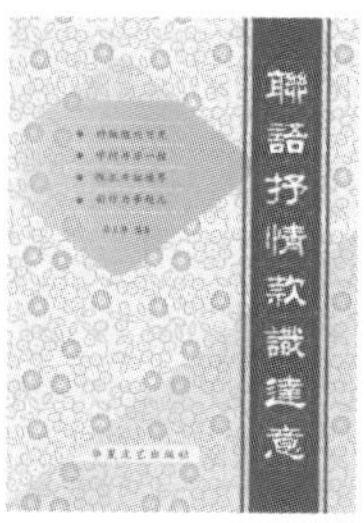

三、知常曰明——"永字八法"有问题

（一）提要

汉字笔法八大员，一个永字独占先。
千百年来入门道，功不可没史可观。
但依分类原则看，撇二显然已超编。
如今减撇加折后，从此诸法皆欢颜。

（二）完善

1．"新永字八法"分解图示（实际书写时只有五笔）：

（1）有专家曾经提过：
如果加上折，就是九法了！

（2）其实：8-1+1，
即构成了"新永字八法"！

2．"新永字八法"解析：

序号	名称	古名	英　译	解析数量
1	点	侧	dot	8＋
2	横	勒	horizontal stroke	2
3	竖	努	vertical stroke	2
4	撇	啄和掠	left-falling	5
5	捺	磔	right-falling	3
6	提	策	rising stroke	5
7	钩	趯	hook stroke	10
8	折		turning stroke	5

3. 八法之撇何止两种？

平撇	短斜撇	长撇	竖撇	弯尾撇
乎	見	人	月	風

4. 漏掉的折法也有五种：

横折	竖折	撇折	斜折	角折
田	连	公	如	子

四、知白守黑——“教学相长”总相宜

（一）提要

教者一旦见专利，
学者紧随兴奋起。
教者驾轻就熟乐，
学者立竿见影迷。

（二）开启

1. 1997—2003 年应聘担任北京语言大学客座教授时提出了教学相长“六连环”：

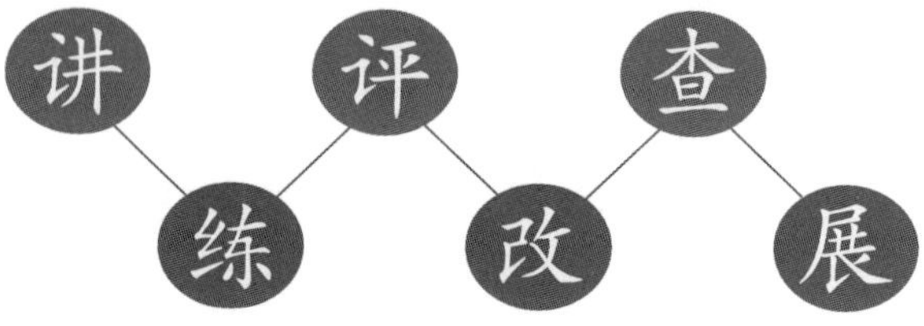

2. 有关小学生习字笔法对照图：

教材示例		专利示例	
一丨	一二三十	一丨	一二三十
八	人个大	八	人个大
㇇丁	白向毛	㇇丁	白向毛
丶	上中下用书	丶	上中下用书
亅	小去在叶飞生	亅	小去在叶飞生
㇀	打住位他有事	㇀	打住位他有事

3. 偏旁部首组合教学示例：

1. 冫 氵	7. 冖 宀 穴	13. 大 犬	19. 木 禾
2. 一 二 亠	8. 厂 广 疒	14. 弋 戈	20. 米 釆 采
3. 工 土 士	9. 刀 力	15. 口 囗	21. 礻 衤
4. 亻 彳	10. 尸 户	16. 曰 白	22. 卩 阝
5. 凵 山	11. 又 殳	17. 日 目	23. 廴 辶
6. 冂 巾	12. 夂 文	18. 貝 見 頁	24. 幺 纟

4. 北京语言大学留学生课后展出的作品：

郭朵尔卡（匈牙利）

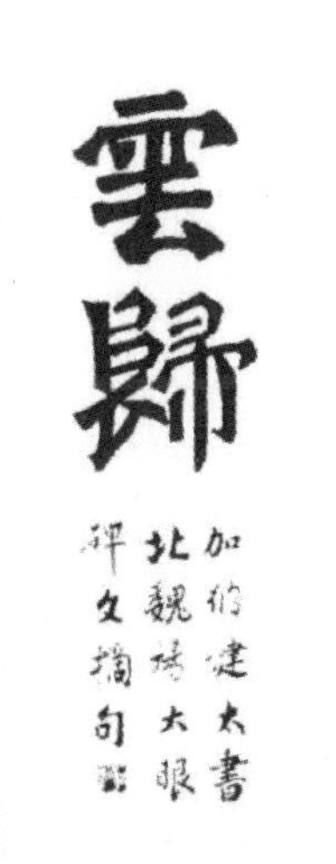

全永子（韩国）

波利娜（俄罗斯）

五、道法自然——“学以致用”顺其时

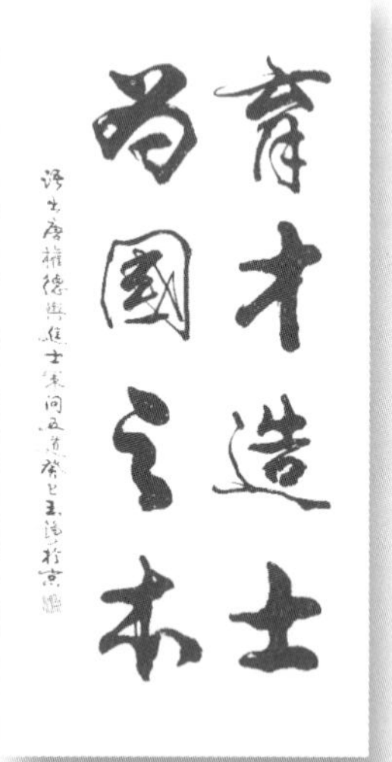

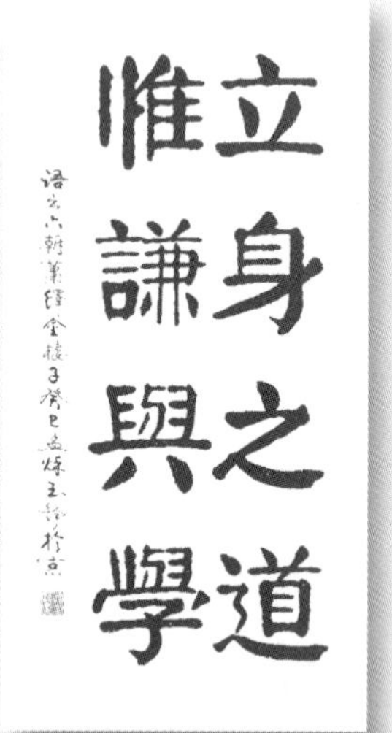

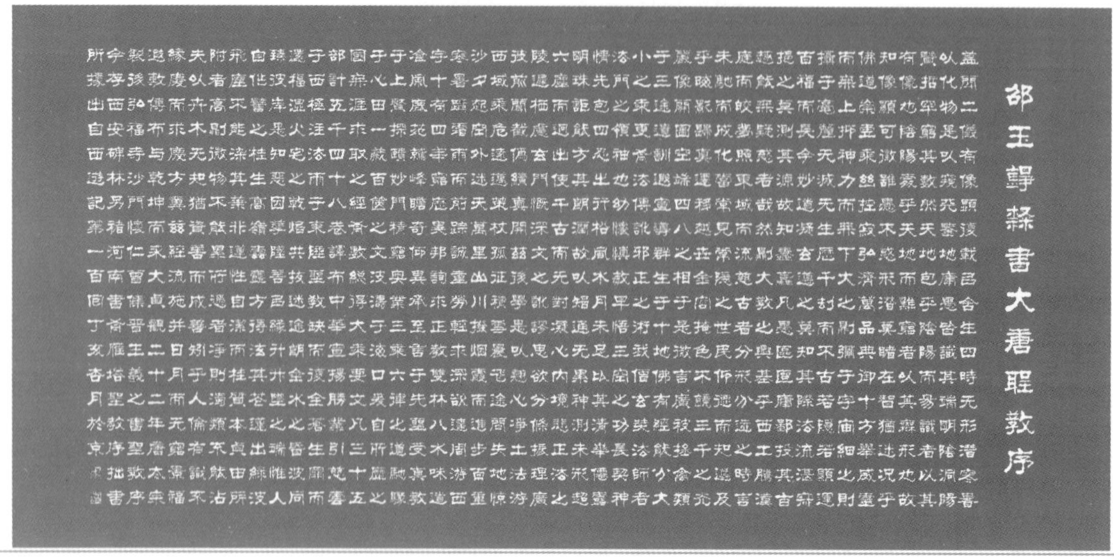

天之道利而不害
人之道为而不争

1994年题于三门峡市博物馆

1998 中国档案出版社

2001 （台湾）华仁出版社

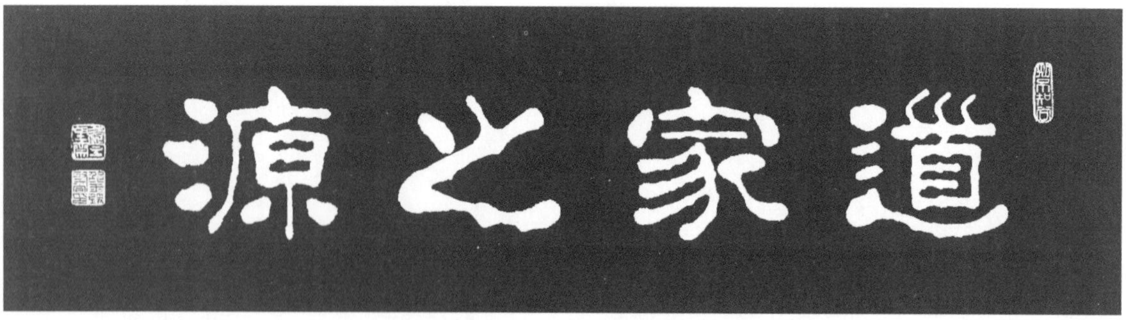

2023年7月重题于北京（之一）

后记

我作为灵宝老城人，自小就知道有老子故宅、老君洞、函谷关，但那时未见过《道德经》一书。及至1996年退休后，参观了函谷关和道家之源，得到了宋育文先生所赠《道德经译注》（中州古籍出版社），听取了三门峡老子研究会诸方家之建议，遂开始研读老子，并于1998年3月由中国档案出版社出版了《邵玉铮隶书老子道德经》。至今依然难忘当年的襄助者：灵宝市文化局局长任敏录先生和灵宝市固泰皮革有限公司董事长许建民先生。

2000年，在台湾的乡友孙烈先生见到此书，返台后经多方奔走，终于促成了我于2001年暑期赴台（彰化、高雄、台北）举办个人书法展，并由孙先生筹办出版了拙书《老子道德经》（华仁出版社）。

回头再看原作，深感不足甚多！通过进一步广览更多版本，激发了我重学、重注、重译、重写的欲望。2018年起新写了隶书《老子》长卷，并相继整理出了《老子道德经——邵玉铮释读》对照本。虽说有所改进，有所提高，特别是改变了原文版式、增加了“考异”，（个别字词的“考异”，直接置于“简注”中了）但仍然属于个人学习的心得而已。

本书编写历经四年多，文字初稿为刘雪苹输入；摄影、扫描、编排经邵春辑录成型；封底的“众妙之门”，系邵青治印；送审稿由北京灵动彩韵广告有限公司打印。

鉴于这次同时出版书法与释读两相呼应的版本，在下特以《老子道德经》开篇之结语“众妙之门”作为封面设计的元素，诚愿与同好们共享。

这次结集出版的《老子道德经》隶书和释读对照本，同样得到了曾为我出版过《大学英语词汇总表》《书道探幽》《中华梅兰竹菊诗词选》的学苑出版社领导和编辑的厚爱与支持，并感谢相关学者和故乡领导的关心与鼓励！

在此，还要感恩诚挚的襄助者：
灵宝函谷关旅游管理有限公司
灵宝市天地科技生态有限责任公司 罗云霄先生
中山市侨心居 吕伟雄先生
广东维生农业股份有限公司 李华养先生
中山市生龙文化传播有限公司 周英山女士
北京德兰系统控制技术有限公司 田晓平先生
北京原林业部离休老人 计冰女士
内蒙古书法家协会会员 李雅彬
灵宝亲朋 张建敏 隋建华 孙建峰 李超明等
中山好友 吴传新 何各正 刘文君 侯桂秋等。

邵玉铮

2023年9月9日于北京远望斋